MINISTÉRIO DA VIDA

LEO PESSINI
(Camiliano)

MINISTÉRIO DA VIDA

Orientações para Ministros da Eucaristia e Agentes de Pastoral da Saúde

COORDENAÇÃO EDITORIAL: Elizabeth dos Santos Reis
REVISÃO: Ana Lúcia de Castro Leite
DIAGRAMAÇÃO: Alex Luis Siqueira Santos
CAPA: Juliano de Sousa Cervelin

Dados Internacionais de Catalogação na Publicação (CIP)
(Câmara Brasileira do Livro, SP, Brasil)

Pessini, Leo
　　Ministério da vida: orientações para agentes de Pastoral da Saúde e ministros da Eucaristia / Leo Pessini. — Aparecida, SP: Editora Santuário, 1990.

　　　　Bibliografia
　　　　ISBN 85-7200-017-8

　　1. Eucaristia 2. Igreja – Trabalho com doentes 3. Medicina pastoral I. Título. II. Série.

90-0481　　　　　　　　　　　　　　　　　　　　　　　CDD-253.0240814
　　　　　　　　　　　　　　　　　　　　　　　　　　　　　　-242.3

Índices para catálogo sistemático:

1. Doentes: Teologia pastoral: Cristianismo 253.0240814
2. Eucaristia: Meditações bíblicas 242.3
3. Medicina pastoral: Cristianismo 253.0240814
4. Pastoral dos enfermos: Cristianismo 253.0240814

Edição Especial, 2005

Traduzido para o espanhol, no México,
por Ediciones Dabar em 1999.

36ª reimpressão

Todos os direitos reservados à **EDITORA SANTUÁRIO** — 2014

Composição, em sistema CTcP, impressão e acabamento:
EDITORA SANTUÁRIO - Rua Padre Claro Monteiro, 342
12570-000 — Aparecida-SP — Fone: (12) 3104-2000

SUMÁRIO

Introdução 7
1. Saúde: sinal de vida plena 11
2. Jesus e os doentes 18
3. Como ajudar na hora do sofrimento 22
4. Solidariedade no sofrimento 26
5. Os idosos 31
6. Dignidade no adeus 38
7. Aids: a doença que assusta 45
8. Quem é o agente de Pastoral da Saúde? 55
9. A presença solidária é o melhor presente 61
10. Os sacramentos na Pastoral da Saúde 66
11. Reconciliação e paz interior 70
12. A unção dos enfermos 75
13. São Camilo de Lellis:
    O Santo protetor dos doentes 79
14. Câncer: um desafio para a pastoral 83
15. Saúde Mental 89
16. Saúde: cuidar da terra, nosso lar comum 94
17. Acreditar faz bem para a saúde 98

18. O desafio de cuidar do ser humano na sua totalidade 107
19. "Doutor, será que eu escapo dessa?" 112
20. Viver quando alguém querido parte 116
21. Bioética e dignidade humana nos limites da vida
    Uma trilogia 124
22. Saudade é amor que fica 130
23. O tempo da vida: Vivê-lo como *cronos* ou *kairós* 133
24. Eucaristia para os enfermos 138
25. Celebrar a esperança
    (Para situações de perda de entes queridos) 142
26. Reflexões e orações 146
27. Diretrizes de Ação da Pastoral da Saúde – CNBB 155

INTRODUÇÃO

Mistério da vida constitui-se numa agradável surpresa editorial, pela sua aceitação, utilização e divulgação junto aos agentes de pastoral que atuam na dimensão solidária da Pastoral da Saúde. Desde seu aparecimento, segundo semestre de 1990, até o presente momento, vieram à luz nada menos que 30 edições com a presente, revista, neste ano de 2010. Este livro quer ser um humilde instrumento de ajuda a todos os que por profissão e vocação procuram ser uma presença profética do Deus da vida numa realidade marcada pela "cultura de morte", anunciando a Boa-Nova da *"vida em abundância"* (Jo 10,10) e levando a sério o mandato de Jesus de *"pregar o Evangelho e curar os enfermos"*.

No decorrer dos anos recebemos inúmeras sugestões de aperfeiçoamento deste instrumento de trabalho que tem como público alvo os voluntários que atuam na Pastoral da Saúde. Numa linguagem simples e objetiva, procura apresentar perspectivas de orientações pastorais junto aos doentes, quer nos hospitais ou em domicílio. Sem fugir de suas características próprias de ser um texto introdutório, de bolso, de sabor popular, fizemos acréscimos significativos, atualizando-o frente às novas perspectivas e desafios que o mundo da saúde traz para a ação pastoral.

O conteúdo temático responde às inúmeras solicitações de comunidades, de agentes de pastoral da saúde, e recolhe experiências e necessidades sentidas pelo autor trabalhando como *Capelão do Hospital das Clínicas da FMUSP* (1982-1993), na coordenação da *Pastoral da Saúde – CNBB/Nacional* (1994-1997) e direção do *Instituto Camiliano de Pastoral da Saúde –* ICAPS – (1981-1994).

Iniciamos com uma rápida visão a respeito da realidade da saúde no Brasil. Enquanto trabalhamos com os caídos por terra, não podemos perder de vista as causas da existência de tantos doentes entre nós e que somos chamados a ser agentes da saúde e da vida. Jesus sempre esteve cercado de doentes e os libertou do sofrimento e da doença que os marginalizava da convivência social. Sua atuação é inspiração para nós, em como ser de ajuda na hora do sofrimento, particularmente em situações críticas da vida, tais como: quando perdemos alguém, no enfrentamento do problema da AIDS e no cuidar samaritanamente dos idosos.

Avançando mais numa perspectiva prática, são apresentadas algumas pistas pastorais que deveriam ser sinais indicativos de caminhos a seguir, isto sem matar a necessária criatividade frente a cada situação, circunstância específica e o bom senso de cada um. Estão ligadas às exigências que formam um perfil do agente de Pastoral da Saúde, como comunicar-se empaticamente, a dimensão evangelizadora dos sacramentos na ação pastoral, especificamente a reconciliação, Eucaristia e Unção dos Enfermos. Acrescentem-se a isso uma celebração da esperança e alguns pensamentos de São Camilo, o Santo padroeiro dos doentes no cuidado junto aos que sofrem.

Crescendo numa linha reflexiva em relação à solidariedade diante do sofrimento humano, apresentamos três grandes realidades doloridas de hoje e que exigem uma resposta concreta dos cristãos que amam a vida e buscam ser um sinal de vida e de esperança: drogas, o câncer e a saúde mental.

Como complemento necessário de atualização em função das inúmeras novidades e perspectivas novas destes últimos anos, situam-se os textos a respeito da ecologia: cuidar da terra, nosso lar comum; transplante e doação de órgãos, o dia mundial do doente, pastoral da saúde – marcos históricos de uma caminhada e Diretrizes de Ação da Pastoral da Saúde – CNBB.

Esperamos que este texto possa continuar a ser um precioso instrumento de ajuda em suscitar numerosos samaritanos em nossas comunidades, atuando com ternura e competência nas três dimensões da Pastoral da Saúde, ou seja, nas dimensões solidária, comunitária e político--institucional.

O Autor

1

SAÚDE: SINAL DE VIDA PLENA

> "Por disposição da divina providência, o homem deve lutar ardentemente contra toda doença e procurar com empenho o tesouro da saúde, para que possa desempenhar o seu papel na sociedade e na Igreja."
> (Rito da Unção dos Enfermos... n. 3)

Bom dia. Como vai você? Parabéns, muitos anos de vida! Essas expressões referem-se a um desejo íntimo de todos nós: muita saúde. A saúde é tema de nossas conversas, de nossas preocupações do dia-a-dia.

Ao formularmos votos de saúde para alguém, passamos a ideia de que a saúde não depende só do cuidado pessoal de cada um. A saúde é um dom de Deus e mais... é resultado do trabalho da comunidade em defesa e promoção da vida. É um compromisso de fraternidade.

A saúde não é uma preocupação exclusiva dos cristãos. Ela interessa a toda a humanidade, independentemente de credo, raça, nacionalidade, sexo ou cor. A saúde é um direito fundamental do homem. É o direito à vida.

1. Que é saúde?

Ter saúde é o sonho de todos. Vamos refletir sobre este tema tão perto de nós. Na tentativa de uma definição de saúde, consideramos a da Organização Mundial de Saúde (OMS):

– *Bem-estar físico* é ter um corpo saudável, sem sofrimento ou dores causados por doenças físicas, tais como câncer, tuberculose, malária, doença de chagas etc.

– *Bem-estar mental* é ter saúde da mente. Saber orientar-se no espaço e no tempo, sem sofrer desequilíbrios psíquicos, tais como neuroses, esquizofrenias, depressões, estresse etc. Temos no Brasil em torno de 10 milhões de doentes mentais.

– *Bem-estar social* é ter saúde de convivência. Viver é conviver partilhando a vida com os outros. Quem se fecha dentro de seu próprio mundo acaba se empobrecendo, ficando só, isolado, e não demora muito para adoecer. Aqui é importante ressaltar a importância fundamental de se viver em fraternidade.

Nós cristãos, além dessas três dimensões, acrescentamos a dimensão espiritual, o bem-estar espiritual, que é a dimensão de Deus na vida da gente. Saúde espiritual é ter um relacionamento sadio com Deus, que é o Senhor da Vida, Pai de amor e de misericórdia. Esta realidade transcendente proporciona o sentimento de segurança, o ser humano não se percebe como um errante no mundo, mas como alguém que participa da obra da criação.

Pois bem, é levando em conta estas quatro dimensões fundamentais da pessoa humana: a dimensão física, mental, social e espiritual que podemos falar de saúde global. Infelizmente nos ambientes de saúde se cuida somente do corpo, da parte física (muito mal, em geral), e se esquece das outras dimensões.

Nesta perspectiva, percebemos que esta visão de saúde é sempre uma realidade a ser atingida, um horizonte a ser conquistado, porque vivemos sempre com algum tipo de desequilíbrio que perturba o bem-estar pessoal. E ao falarmos de bem-estar, temos de levar em consideração que este depende também das condições econômicas, sociais, políticas, insuficiência de recursos para atender às necessidades de saúde etc.

A saúde, no seu sentido global, é o resultado da combinação de alguns elementos muito simples da nossa realidade, tais como: alimentação, habitação, educação, renda, meio ambiente, trabalho, transporte, emprego, lazer, liberdade, terra e acesso aos serviços de saúde (ambulatórios, hospitais etc.).

Percebemos que no nosso país essas condições mínimas que garantem a infraestrutura da vida são insuficientes, mal distribuídas, "uns poucos têm muito e muitos têm pouco".

2. Como vai a saúde no Brasil?

Alguém já falou que o Brasil é um grande hospital. A fome é ainda a principal doença dos brasileiros. Apresentamos uma alta taxa de mortalidade infantil. Entre mil crianças nascidas vivas, 32 morrem antes de completar o primeiro ano de vida, enquanto nos países ricos esta taxa cai muito: somente 8 a 17 crianças morrem entre mil nascidas vivas, no período de 0 a 1 ano.

Nossa expectativa de vida é de pouco mais de 70 anos, sendo que em algumas regiões mais pobres, como Nordeste e Norte do país, baixa para 48 anos somente. É importante saber que, nos países desenvolvidos, a esperança de vida gira em torno de 80 anos. Isso quer dizer que nos EUA ou Europa, por exemplo, vive-se em média de 15 a 20 anos mais do que na América Latina ou África.

Nossa política de saúde aplica os recursos na ordem inversa das necessidades. Na realidade, 80% das necessidades são de atenção primária (ambulatórios, postos de saúde etc.), 15% estão no nível secundário (hospitais gerais) e 5% situam-se no nível terciário (hospitais especializados). Na atual situação, 5% dos recursos disponíveis devem cobrir 80% das necessidades de saúde, 80% dos recursos atendem somente a 5% das necessidades. É evidente que isso é uma perversão que mata e não promove "saúde para todos".

Quanto mais desorganizada estiver a saúde pública num país, tanto mais necessário se torna o hospital. Na medida em que não se previne, o hospital intervém para reparar os danos. Nossa rede hospitalar está longe de atingir o objetivo da Organização Mundial da Saúde, que vê o hospital como guardião da saúde da comunidade, desenvolvendo atividades em nível de promoção e prevenção, recuperação, educação e pesquisa.

Persistem entre nós doenças primárias, como a febre amarela, a poliomielite, a esquistossomose, a tuberculose, a lepra, que já poderiam ter sido erradicadas da face da Terra.

A saúde depende de uma educação popular que leve em conta os princípios básicos de higiene e alimentação. Em muitas regiões brasileiras, por causa de tabus alimentares e superstições, o povo permanece na ignorância dos valores nutritivos das frutas e verduras, bem como desconhece o valor da utilização de ervas e chás medicinais e remédios caseiros. Há uma necessidade urgente de resgatar toda essa sabedoria popular no sentido de utilizar os recursos que a mãe natureza oferece. Infelizmente, porém, nossa sociedade de consumo faz "nossa cabeça" como se remédio bom fosse aquele que a gente compra na farmácia. Um detalhe, a mãe natureza dá de graça, não custa nada, enquanto que na farmácia temos de pagar caro e nem sempre temos o dinheiro necessário.

3. Algumas pistas para os agentes de Pastoral da Saúde

Frente a esta realidade tão deprimente de um povo doente poderíamos desanimar e cruzar os braços. O cristão é aquele que tem esperança de transformação. Algumas tarefas que estão ao nosso alcance podemos fazer, no sentido de preservar a saúde das pessoas de nossa comunidade. Eis algumas dicas a respeito da água e remédios, entre muitos assuntos importantes que não temos espaço para abordar aqui.

1. *Água*. As doenças mais comuns no Brasil, especialmente no Norte – a verminose e outras doenças contagiosas –, são transmitidas principalmente pela água. Por isso, ao se beber um copo de água que não se ofereça aos outros e a si mesmo a doença, mas sim a vida. Se possível, a vida plena, como a água que Jesus ofereceu à samaritana (Jo 4,10-14).

Não esqueçamos de oferecer água limpa e tratada. A água é tão importante para a vida. Sem a água acaba também a vida. A água faz bem para tudo. Mas é importante que esteja limpa e tratada.

Em relação à água a ser utilizada, nossas tarefas são:
• não beber água diretamente do rio;
• ferver no dia anterior a água que deve ser bebida ou então tratá-la com cloro;
• fazer a campanha do filtro de barro; não deve haver casa sem filtro de barro;
• lavar bem as mãos antes das refeições ou antes de preparar a comida;
• manter-se asseado; manter a casa limpa.

2. *Remédios*. Em relação a este assunto devemos:
• valorizar o conhecimento sobre os chás caseiros;
• fazer uma horta caseira e plantar também ervas medicinais;
• desconfiar dos remédios de farmácia que fazem muita propaganda ("tomou Doril a dor sumiu"); sempre há um interesse comercial por trás;
• não tomar remédios de farmácia a não ser quando receitados pelo médico, especialmente antibióticos, injeções, remédio para abrir o apetite, remédio para o fígado, vitaminas etc.;
• boa parte das doenças cura-se por si só. Basta que a gente tenha um corpo mais resistente, tenha reservas de defesa própria. Então o mais importante não é tomar remédios, mas se alimentar corretamente.

É evidente que tudo isso não esgota o assunto. Cada realidade tem suas necessidades específicas e problemas. O cristão, agente de Pastoral da Saúde, deve ser alguém bem atento a toda esta realidade de vida. É importante cuidar bem dos doentes nas suas necessidades físicas, materiais e espirituais, mas não podemos esquecer este trabalho de educar as pessoas para que não adoeçam. É preciso atuar preventivamente.

Uma sugestão é descobrir profissionais de saúde que moram na nossa comunidade, como médicos, enfermeiras, assistentes sociais, psicólogos e outros para que deem sua contribuição neste nível.

Que saibamos sempre valorizar o dom da vida, que é "a suprema manifestação do universo" (Teilhard de Chardin) e a saúde, sinal de excelência de plenitude de vida (Jo 10,10).

PARA REFLEXÃO EM GRUPO

1. A saúde é um dom de Deus e um compromisso de fraternidade. Discuta essa afirmação.
2. Por que há doentes na nossa realidade?
3. O que fazer para melhorar a saúde do povo brasileiro?

2

JESUS E OS DOENTES

> "Eu te ordeno, levanta-te, toma o teu leito
> e vai para casa!"
> (Mc 2,11)

O povo costuma dizer que a saúde é tudo. Não pede a Deus riqueza, mas saúde. Tendo saúde, a gente pode trabalhar, pode viver como dá. Acabamos sempre desejando aos nossos amigos: muita saúde!

Infelizmente, nossos votos de saúde nem sempre têm o tão desejado efeito. A doença é uma experiência que, mais dia, menos dia, acontece conosco, com um nosso familiar ou nosso amigo.

Ninguém gosta de ficar doente ou de ter um doente próximo de si. Em nossos planos, nunca consideramos a possibilidade de adoecer. Mas não podemos fechar os olhos: a doença existe... e o doente precisa ser cuidado!

Jesus foi muito sensível com a saúde do povo e com os doentes. É só lermos os Evangelhos atentamente e veremos que ele tinha uma predileção toda especial para com os leprosos, os deficientes, os doentes mentais, os cegos, os surdos, os mudos, os coxos, homens e mulheres impossibilitados de abrir seu caminho na vida. Quando entrava numa aldeia ou cidade, Jesus estava sempre cercado de doentes.

Cristo confirma que é o Messias prometido curando os doentes: "Ide contar a João o que acabais de ver e de ouvir: os cegos recuperam a vista, os coxos andam, os leprosos ficam sãos, os surdos ouvem, os mortos ressuscitam e a Boa-Nova é anunciada aos pobres" (Lc 5,31). Ainda lemos no Evangelho: "Ao pôr-do-sol, todos os que tinham pessoas sofrendo de alguma doença as traziam até ele. E Jesus, impondo as mãos sobre cada uma, as curava" (Lc 4,40).

Devemos lembrar que, no tempo de Jesus, o doente hebreu vivia sua enfermidade como uma experiência de impotência e desamparo e, o que é pior, de abandono e rejeição de Deus. De certa forma, toda enfermidade era um castigo ou maldição de Deus, e o enfermo era um homem "ferido por Javé".

Em sua atividade profética, Jesus rompe com a marginalização e condenação moral a que eram submetidos os enfermos. Estes eram vistos como abandonados por Deus e esquecidos pelos homens. Eles constituíam o setor mais desamparado da sociedade judaica. Pois bem, Jesus colocou à luz do dia todos estes esquecidos. Eles ocupavam o mesmo lugar que os órfãos, as viúvas, os pobres e os estrangeiros ocupavam na ação dos profetas. Eles eram os "cacos da humanidade". Jesus lhes devolve a dignidade.

Na parábola do Bom Samaritano (Lc 10,29-37), Jesus deixa claro que a compaixão tem de se traduzir em ação misericordiosa. Descobrimos que o outro é o nosso próximo, quando fazemos algo por ele. O doente é um estranho que se torna próximo quando nos aproximamos dele com amor. Um coração que ama não é indiferente ao sofrimento do irmão e procura ser solidário.

A atuação de Jesus não é movida por nenhum interesse econômico ou pelo lucro, mas é pura gratuidade. Não age movido por um dever profissional. Ele não é médico nem curandeiro de ofício. Tampouco é levado por um interesse proselitista de integrar um novo membro no grupo de seus seguidores (ainda que isso aconteça em várias ocasiões). Jesus diz ao curado de Gerasa que pede para segui-lo: "Vai para a tua casa e para os teus, anuncia-lhes tudo o que fez por ti o Senhor na sua misericórdia".

Jesus é movido por um amor profundo para com os doentes e por uma paixão libertadora para arrancá-los do poder do mal. A misericórdia é que o impulsiona (Mc 1,41). Seus gestos encarnam e tornam palpável o amor do Pai para com os pequeninos e desvalidos. Com sua atuação curativa e libertadora, Jesus é sinal de que Deus não os abandona.

A atuação de Jesus no mundo do sofrimento não se limita a uma explicação doutrinal, a uma simples assistência espiritual ou assistencialismo.

Tampouco podemos falar de um serviço médico de caráter técnico. Jesus se aproxima e busca o encontro com o homem total. Busca a cura total, que não se identifica somente com a saúde biológica, mas sim com a salvação integral.

Jesus liberta os enfermos de tudo quanto os desumaniza. Liberta-os da solidão e do isolamento, da desconfiança e do desespero, da resignação passiva. Ele convida o doente a ter uma atitude positiva, construtiva e criadora de vida e saúde.

É surpreendente que, em muitas curas, ele diga: "A tua fé te curou". É o próprio enfermo que tem algo muito decisivo para sua melhora. Ele atribui a cura não ao seu poder, mas sim à fé da pessoa. Aos seus discípulos, junto com o mandato de pregar o Evangelho, foi dito também que curassem os enfermos.

Se Jesus nos deu todo este testemunho, qual deve ser o procedimento de nós, cristãos? Reflitamos sobre isso em nossa reunião de grupo. Vejamos também como a atuação de Jesus junto aos enfermos pode ajudar nosso trabalho de ir ao encontro dos que sofrem.

> PARA REFLEXÃO EM GRUPO
>
> 1. Qual a novidade que Jesus traz no relacionamento com os doentes?
> 2. Como a atuação de Jesus nos ajuda a ser criativos em nosso serviço?

COMO AJUDAR NA HORA DO SOFRIMENTO

"O sofrimento provoca compaixão, suscita respeito e ao seu modo intimidade."
(João Paulo II)

"Comece fazendo o que é necessário, depois o que é possível e, de repente, você estará fazendo o impossível."
(São Francisco de Assis)

É bom, de início, refletirmos um pouco sobre qual o significado da doença, sobre o que ela provoca e, em seguida, como ajudar a pessoa que passa por essa experiência.

A doença, em maior ou menor gravidade, é sempre uma lembrança de nossa mortalidade e fragilidade, é um momento de profunda sensibilidade.

Ela nos mostra que não somos totalmente independentes e autossuficientes, mas que dependemos uns dos outros. Sentir-se dependente não é uma sensação agradável. Não deixa à vontade quem depende e incomoda quem ajuda. Na maioria das vezes, essa experiência é sentida como uma crise.

A doença faz-nos sentir o corpo. Isso não é nada agradável, mas é sofrível. O sofrimento de não poder comer e beber, de não poder fazer o que se quer e de não poder ir aonde bem entender.

A doença nos impede de trabalhar, ela nos tira do convívio familiar e dos amigos, ela nos isola. Qualquer doente sofre de solidão. Por mais que os outros se esforcem para compreendê-lo, ninguém sentirá o que ele sente.

Além de todos esses sofrimentos, o doente, por vezes, tem de se defrontar com um ainda maior: o medo de morrer.

Ninguém gosta de dizer adeus para ninguém, ainda mais quando é para sempre. Nunca estamos suficientemente preparados para este momento. Quando acontece, mesmo esperado, é sempre uma espécie de surpresa. Por mais fé que se tenha na vida eterna, a passagem é sempre dolorosa.

Diante de todo esse quadro que a doença apresenta, o que nós podemos fazer para que as visitas aos enfermos sejam produtivas?

Primeiramente, devemos *confortar*, desenvolvendo nossa *habilidade de escutar*. Ter ouvidos capazes de responder, comunicando compreensão, amor, solidariedade.

Alguém já disse que temos dois ouvidos e uma boca, significando com isso que deveríamos ouvir duas vezes mais do que falamos. Na prática, parece que falamos mais do que ouvimos. É importante prestar atenção e não ser um visitador-repórter, que só faz perguntas para matar a curiosidade. Ouvir sim, e não só com os ouvidos, mas também com os olhos, com as mãos, com o coração.

Ouvir não somente o que é dito, mas principalmente o que não é dito e nem precisa ser verbalizado. Precisamos ser excelentes leitores da linguagem corporal. Ouvir é criar um clima em que as pessoas partilham o sentido de seus dias: medos, esperanças, dores, desapontamentos e alegrias.

Junto com o ouvir, é importante *tornar-se irmão do doente,* relacionando-se a partir de sua situação humana concreta, procurando responder a suas necessidades e não impondo as nossas. É fundamental respeitar os valores da pessoa. Muito fácil é assaltar a pessoa espiritualmente, impondo nossos valores. Propor sim, impor nunca!

Junto com a capacidade de ouvir e ser irmão da pessoa no calvário de sua doença, devemos ser *orientadores espirituais.*

Nesse papel, é preciso que a gente perceba como o doente entende e interpreta a sua experiência de estar doente e como relaciona isto com sua fé em Deus. Neste contexto aparecem muitas visões, nem sempre cristãs, da doença, tais como: castigo ou punição, teste, destino, fatalidade, expressão de nossa finitude etc.

Também surgem muitas visões de Deus: uns se sentem *desapontados* ("Sempre fui tão bom, por que Deus permite que isto aconteça comigo?"); outros, *esquecidos* ("Rezo tanto, mas ele não me ouve!"); outros *barganham* ("Se Deus é Pai, por que o sofrimento de seus filhos queridos?"); e, finalmente, muitos *aprofundam sua fé em Deus* e retornam a ele ("Se não fosse minha fé em Deus, eu não teria escapado de morrer...").

Aqui é importante trabalhar essas experiências, não reforçando a ideia de que Deus quer o sofrimento. O sofrimento é muito difícil entendê-lo, muito mais explicá-lo. Podemos confirmar a fé onde ela está presente, despertá-la onde está dormindo e reforçá-la onde está crescendo.

Um outro aspecto importante da visita é o de facilitar o relacionamento do doente com seu *mundo interior* (ajudá-lo a se encontrar consigo mesmo), com sua *família* (a hora da doença é muitas vezes um momento de união para a família) e com sua *comunidade.*

Finalmente, não podemos esquecer o aspecto dos *sacramentos* e da *oração.* É bom ajudar o doente a oferecer a Deus suas preocupações, esperanças e medos. Rezar a partir desta situação de sofrimento. A oração adquire um aspecto profundo de vida. Os sacramentos – Eucaristia, Reconciliação, Unção dos Enfermos – são fonte de graça e saúde. Oferecê-los quando a pessoa estiver em condições de recebê-los.

É levando em conta todos esses aspectos que podemos ser instrumentos de cura e de solidariedade, sacramentos vivos de fraternidade.

PARA REFLEXÃO EM GRUPO

1. Partilhar as experiências positivas e as dificuldades encontradas na visita aos enfermos.
2. O que de concreto se faz quanto à ajuda material e espiritual aos enfermos mais carentes?

4

SOLIDARIEDADE NO SOFRIMENTO

> "Bem-aventurados os misericordiosos,
> porque alcançarão misericórdia."
> (Mt 5,7)

Leiamos o texto bíblico da Parábola do Semeador (Mt 13,1-9) que servirá de base para a nossa reflexão sobre um aspecto fundamental da Pastoral da Saúde: ser semeador de solidariedade.

"Eis que o semeador saiu para semear. E, ao semear, uma parte da semente caiu à beira do caminho e as aves vieram e a comeram. Outra parte caiu em lugares pedregosos, onde não havia muita terra. Logo brotou, porque a terra era pouco profunda. Mas, ao surgir o sol, queimou-se e, por não ter raiz, secou. Outra ainda caiu entre os espinhos. Os espinhos cresceram e a abafaram. Outra parte, finalmente, caiu em terra boa e produziu fruto, uma cem, outra sessenta e outra trinta. Quem tem ouvidos, ouça!"

Todos nós estamos sujeitos, mais dia, menos dia, independentemente de cor, raça, sexo e nacionalidade, a adoecer. Uma posição social privilegiada pode dar-nos alguns anos extras de vida, mas não consegue comprar a imortalidade. A vida e a saúde são dons de Deus e não têm preço.

Quando menos esperamos, a doença nos surpreende, lembrando nossa condição mortal. Não somos eternos aqui, não nos bastamos a nós mesmos, e precisamos uns dos outros. Esta presença incômoda da doença, dor e sofrimento se introduz sub-repticiamente em nossas vidas pela porta dos fundos... sem pedir licença. Estes tornam-se companheiros indesejados de nossa jornada, hóspedes inoportunos que pedem um lugar à mesa, no auge do banquete da vida, questionando-nos, desmontando nossos planos, sem que, ao menos, tenhamos escolhido ou sequer possamos esboçar uma reação contrária.

Trata-se, portanto, sempre de uma surpresa, de sabor amargo para alguns, que se revoltam; de reencontro para outros, que a assumem como sendo uma oportunidade educativa e desafio de crescimento.

Sem dúvida, a doença é, sempre, uma experiência que deixa marcas e sequelas profundas.

Quando a perda da saúde é vivida só, no anonimato, ela pode transformar-se no início de uma tragédia maior. Quando partilhada, pode vir a ser uma semente de vida nova.

1. Condição humana

Que haja doentes por causa da limitação, fragilidade e finitude humana é compreensível e aceitável. Negar este fato é não levar a sério a sabedoria de sermos seres peregrinos.

Neste sentido, devemos envidar todos os esforços, humanos, materiais e espirituais para tratá-los humana e cristamente, a fim de que possam, na medida do possível, recuperar-se, gozando de saúde novamente ou, então, quando não mais seja possível isso, proporcionar-lhes dignidade no adeus.

O que não podemos aceitar passivamente são os adoecidos por causa da pobreza, da injustiça, da fome, da falta de condições mínimas de viver, que transformam a vida num verdadeiro "vale de lágrimas", um inferno de sofrimento.

O texto da Parábola faz brotar dentro de nós uma indignação ética de transformar esta situação, que torna o povo sempre mais doente e longe da saúde, sinal de vida plena.

É preciso lembrar que essa realidade contradiz frontalmente o projeto de Jesus de Nazaré, que faz do anúncio da "vida em abundância" (Jo 10,10) o centro da pregação da Boa-Nova do Reino da Vida.

2. Nossa realidade

Acontece que, em nossa realidade latino-americana, estamos tão anestesiados, insensibilizados e acostumados a essa abundância de doença e sofrimento que acabamos por pensar e encarar nossa missão e razão de ser, como pessoas humanas e cristãos, de forma fatalista, supondo que "é preciso sofrer para ganhar o céu".

Esquecemos que o centro da mensagem evangélica é o amor solidário. Jesus não faz a defesa do sofrimento pelo sofrimento e muito menos nos deixa um mandamento para sofrer, mas sim para amar.

Como cristãos, deveríamos descobrir que somos os semeadores alegres e convictos, por palavras e ações, da semente da *solidariedade* geradora de vida no meio da morte, de *fé* onde há dúvida, de *esperança* em situações de desespero e de *amor* em meio ao descaso, indiferença e ódio.

Essa sementinha é frágil, exige cuidados especiais.

Caso contrário, o sol, os espinhos ou os pássaros não a deixarão germinar e muito menos que ela venha a frutificar.

3. Os terrenos atuais

Há terrenos em que as condições impeditivas da vida da semente imperam:

- na indiferença e no descaso frente ao sofrimento do irmão que clama por justiça;
- na compaixão superficial do ter pena ou dó, mas que não move uma palha sequer para ao menos amenizar a dor;
- na solidão e isolamento dos idosos doentes, exilados de nossa convivência social, abandonados e esquecidos no fundo de um quintal, porão ou asilo;
- na voz muda dos doentes pobres, que ficam horas infindáveis nas filas do INSS, mendigando como caridade o sagrado direito à vida, expresso no cuidado à saúde;
- nos profissionais da saúde que, esquecidos dos nobres ideais de servir à vida com competência e amor, se prostituem, matando vidas inocentes e transformando-se em mercadores da doença e sofrimento humano;

• nos julgamentos moralizantes a respeito de doentes de AIDS, vistos como párias da sociedade, justos merecedores da ira divina, por causa de sua vida pregressa...

Esses são alguns dos terrenos pedregosos, batidos à beira do caminho ou cheios de espinhos da Parábola do Semeador, sufocantes da vida que teimosamente quer se manter. O mesmo terreno, que é condição de nascimento, torna-se sinistramente sepultura, matando e também fazendo desaparecer no seu interior a esperança de uma nova vida, alegre e com saúde.

A semente da solidariedade precisa encontrar o terreno fértil em nossas comunidades e corações para produzir frutos. Este solo precisa ser adubado pela sensibilidade humana e cristã, traduzida em gestos concretos de amor-serviço.

Não estaria aqui uma pista para sermos sementeira de solidariedade, gerando nova vida?

PARA REFLEXÃO EM GRUPO

1. O que é ser solidário?
2. Por que há tanta indiferença perante o sofrimento humano?
3. Como nossa comunidade pode ser "sementeira de solidariedade" junto aos que sofrem?
   O que precisa ser feito de concreto para isso?

5

OS IDOSOS

"Honra a teu pai e a tua mãe
– é o primeiro mandamento com promessa –
para seres feliz e teres uma longa vida sobre a terra."
(Ef 6,2)

"Quão bela é a sabedoria nas pessoas de idade avançada."
(Eclo 25,7)

O envelhecimento das populações tornou-se um desafio crítico para todos os países do mundo. No Brasil, a população com mais de 60 anos em 2002 era em torno de 15 milhões. A esperança de vida ao nascer em 1980 era de 57,2 para o homem e 64,3 para a mulher. Em 1990, esses dados já eram 59,3 e 65,8, respectivamente. No ano 2000 a expectativa de vida ao nascer já subia para 64,8 anos para o homem e 72,5 anos para a mulher. Em 20 anos a expectativa de vida aumentou 7,6 anos para o homem e 8,2 para a mulher.

No Brasil, já é considerável o número de pessoas centenárias. Já podemos perguntar sem medo de ser mera ficção ou sonho romântico: *Como você vai celebrar seus 100 anos de vida?* Sem dúvida o aumento da longevidade é uma vitória cercada de desafios. As pessoas desejam viver muito, não querem e não gostam de sentir que estão envelhecendo, e muito menos gostam de ser lembradas que um dia vão ter de dizer adeus a esta vida! Todas essas atitudes que negam nossa mortalidade e finitude humanas, que são constitutivas de nosso ser, são perigosas para nossa saúde mental e roubam nossa felicidade de existir e simplesmente ser alguém.

Nossa sociedade marcada pela competição desenfreada, que só valoriza quem produz, coloca à margem quem dá trabalho e é um peso; que cultiva o belo e o mito da eterna juventude, acaba marginalizando os idosos como feios, seres improdutivos e os joga em asilos ou fundos de quintais, descartando-os como um produto perecível qualquer. Neste contexto, todo idoso é visto como um incômodo e supérfluo, que não nos aponta muito para um futuro promissor, mas nos lembra do nosso próprio fim e fragilidade. Diferentemente, nas culturas asiáticas e africanas é mais fácil envelhecer porque o idoso é venerado como portador de valores, experiências e tradições.

1. A velhice: uma fase da vida

Começamos a envelhecer no dia em que nascemos. A temporalidade é uma característica de nossa vida. A velhice não é somente uma questão de calendário, de contagem de anos. Também não é pura e simplesmente um processo biológico que se revela pelas rugas no rosto, pelo andar vacilante, pela visão diminuída etc. Há pessoas que biologicamente envelhecem, mas interiormente rejuvenescem e transmitem maior vitalidade. Por outro lado, há pessoas fisicamente jovens, mas interiormente já são velhas, gastas e cansadas. Há muito idoso com espírito jovem e muito jovem com espírito envelhecido. Podemos falar de envelhecimento mental e espiritual. A idade mede-se não tanto pelo número de anos, mas pelo como a pessoa se sente, vive, relaciona-se com a vida e com os outros.

A velhice é uma fase da vida. O idoso é chamado a viver este tempo em plenitude, como um momento sagrado da vida. Uma realidade marcante neste período é o desapego caracterizado pelas perdas sucessivas que são mais frequentes nesta fase da vida.

Entre as mais significativas, destacam-se:

Perda gradual dos *entes queridos:* o idoso tem inicialmente de separar-se dos filhos que se casam; mais para frente tem de enfrentar a perda dos amigos e mais difícil ainda é dizer adeus ao próprio esposo ou esposa. O sentimento de solidão e vazio atinge a pessoa.

Perda dos *papéis sociais:* para muitos a autoimagem liga-se ao trabalho. Com a aposentadoria perde-se não somente o trabalho, mas também o contexto dos colaboradores. Vagarosamente chega a dependência, que pode fazer surgir no idoso o sentimento de inutilidade, frustração e perda de uma razão para continuar a viver. O idoso que até então comandava a própria vida, a relação familiar, perde esse controle e passa a ser comandado. Invertem-se os papéis de pais e filhos.

Perda da *saúde:* já não se pode comer o que se gosta como antes. Há necessidade de uma dieta equilibrada, bem como exercícios físicos. Chegam as doenças típicas da idade, que confrontam a pessoa com sua fragilidade e mortalidade que minam sua segurança pessoal.

Perda do *lar:* devido à precariedade da situação da vida com a falta de recursos, o idoso é obrigado a deixar a casa onde sempre morou e partir para um exílio involuntário (asilo, fundo de quintal etc.). Este "arrancar do mundo familiar" pode levar a pessoa a se fechar em si mesma e a não querer mais viver. Isso quer dizer que antes da morte biológica, impomos uma morte social.

2. Pastoral com os idosos

Primeiramente devemos estar atentos em não fazer dos idosos um mero objeto de nossa ação pastoral, mas vê-los como sujeitos, resgatando todo o patrimônio de que são portadores. Há toda uma bagagem de experiência e sabedoria a ser resgatada e colocada à luz do dia. Como diz o livro do Eclesiástico: "Quão bela é a sabedoria nas pessoas de idade avançada e a reflexão e o conselho nos que gozam as honras". "A coroa dos idosos é a muita experiência e a sua glória o temor de Deus" (Eclo 2,5-6). "Filho, ampara teu pai na velhice e não o deixes em nenhum dia de sua vida. Mesmo se a inteligência lhe for faltando, sê indulgente com ele e não o ultrajes nunca durante a sua vida enquanto estão em plenitude do vigor" (Eclo 3,12-13).

É importante mostrar que depender não é feio. Há um aspecto positivo da dependência. É verdade que não é fácil aceitar a dependência, mas é uma necessidade humana o receber e o dar, bem como a aceitação serena dos próprios limites, entre outros aspectos.

Ajudar a criar uma imagem positiva da velhice. Na Bíblia vemos a velhice como um dom de viver em abertura a Deus e aos outros. Os conhecidos personagens Zacarias e Isabel (Lc 1,5-25), o velho Simeão (Lc 2,15), entre outros, são figuras de anciãos que iluminam a velhice. Devemos promover uma visão positiva da velhice como uma fase para vivê-la em plenitude, e não pura e simplesmente como um apêndice lamentável da vida.

3. Alguns desafios são evidentes

1. Ajudar a encontrar um sentido de vida para o idoso para além do trabalho.

2. Cultivo e descoberta de outras dimensões fundamentais da vida pessoal, tais como: amizades, leituras, artes, programas específicos para a terceira idade etc.

3. Pensar em alternativas para moradia. Rever a vida de uma Instituição para que não se torne uma prisão desumana e despersonalizante. Muitas pessoas só descobrem determinadas habilidades manuais na velhice, por exemplo: pintura, tricô, crochê, trabalhos de marcenaria etc.

4. Ajudar para conservar o idoso na casa da família sempre que possível. Como?

• Providenciar atendimento médico e de enfermagem em casa.

• Ajuda doméstica para fazer limpeza, lavar a roupa e principalmente a *visita*.

• Orientação à família quanto aos cuidados de enfermagem e apoio psicológico.

• Ajuda mútua: criar momentos para que as famílias dos idosos se reúnam para dialogar sobre os problemas afins.

• Viabilizar um centro de convivência onde os idosos possam dialogar com outros idosos, recebendo orientação, lazer, trabalhos etc.

5. Na nossa realidade brasileira muitos idosos que têm direito à aposentadoria não recebem este benefício, por mais insignificante que seja, porque não têm noção de seus direitos. É importante conscientizar a família sobre os direitos previdenciários.

4. Doenças mais comuns

É de real importância o agente de Pastoral estar atento às doenças mais comuns na terceira idade e providenciar atendimento adequado. Os problemas mais comuns são estes:

• Cegueira (não conseguir ver bem), surdez, zumbidos.

• Doenças da próstata para os homens. Só conseguem urinar aos pouquinhos e com muita dificuldade ou com dor.

• Inchaço nos pés e nas pernas, acompanhado de cansaço por qualquer esforço (geralmente, esse é um sintoma de doença do coração).

• Tosse crônica (pigarro dos idosos, especialmente fumantes).

• Dores articulares, especialmente na coluna (reumatismo e artroses).

• Feridas crônicas nas pernas, de difícil cicatrização.

• Derrame cerebral. De repente a pessoa cai, fica paralítica de um lado, entorta a boca e não consegue mais falar direito.

• Arteriosclerose. Esquecem as coisas com facilidade. A lembrança dos fatos e/ou pessoas é feita com muita dificuldade.

5. Mensagem do idoso

Se meu andar é hesitante e minhas mãos trêmulas, ampare-me.

Se minha audição não é boa e tenho de me esforçar para ouvir o que você está dizendo, tenha compaixão.

Se minha visão é imperfeita e o meu entendimento é escasso, ajude-me com paciência.

Se minhas mãos tremem e derrubo comida na mesa ou no chão, por favor, não se irrite, tentei fazer o melhor que pude.

Se você me encontrar na rua, não faça de conta que não me viu, pare para conversar comigo, sinto-me muito só.

Se você em sua sensibilidade me ver triste e só, simplesmente partilhe um sorriso e seja solidário.

Se lhe contei pela terceira vez a mesma "história" num só dia, não me repreenda, simplesmente me ouça.

Se me comporto como criança, cerque-me de carinho.

Se estou com medo da morte e tento negá-la, ajude-me a preparar-me para o adeus.

Se estou doente e sendo um peso, não me abandone.

PARA REFLEXÃO EM GRUPO

1. Por que a sociedade marginaliza os idosos?
2. Qual é o lugar que idosos ocupam na nossa comunidade?
3. O que é feito em termos de ajuda material e espiritual para os idosos mais carentes nas casas e nos asilos?

DIGNIDADE NO ADEUS

> "A morte pertence à vida, como pertence o nascimento.
> O caminho tanto está em levantar o pé, como em pousá-lo no chão."
> (Tagore)

> "Da morte nada sabemos. Só sabemos as histórias contadas do lado de cá,
> palavras que sobre ela colocamos, a fim de torná-la uma presença (...).
> Quem não fala sobre a morte, acaba por esquecer da vida.
> Morre antes, sem perceber."
> (Ruben Alves)

Diz o livro de Eclesiastes que "existe um momento para tudo e um tempo para todo propósito debaixo do céu. Tempo para nascer e tempo para morrer" (Ecl 3,1-2).

Sim, nascer e morrer são dois momentos-chaves em nossa vida, duas balizas fundamentais que nos falam de um começo e de um fim. Um belo dia viemos a este mundo e um dia também teremos de partir. Gostemos ou não, o fato é que ninguém fica para semente. A vida em sua dimensão terrena é passageira, frágil; somos mortais.

1. Vida: sorriso-lágrima

A hora do nascimento, da chegada em nossa família de alguém que se torna também parte da grande família humana, é sempre antecipada numa gostosa expectativa. Há sempre muita esperança, alegria e festa. Os vizinhos, amigos e parentes se reúnem, vibram e cantam. Estampado em todas as fisionomias existe o *sorriso*.

O momento da morte, por sua vez, é sempre uma situação difícil, visto que a sensação de perda de alguém querido invade o nosso ser, parece que "dói a alma". Perante alguém que está para morrer não nos sentimos à vontade, não sabemos o que dizer ou fazer, sentimo-nos impotentes. Neste contexto, uma presença incômoda que tentamos disfarçar ou reprimir: *a lágrima*.

A vida sempre se apresenta entremeada por sorrisos e lágrimas. No momento inicial a vida é um "alô" de chegada, no instante final é o "adeus" da partida. Uma verdade nem sempre levada a sério é que fomos ajudados ao nascer e precisamos também ser amparados na hora de morrer. É aqui que se faz necessária a presença do agente de Pastoral no sentido de desenvolver sua habilidade de acolher os sentimentos expressos nas lágrimas.

O período de tempo que vai desde o diagnóstico de uma determinada doença incurável (por exemplo, câncer, Aids etc.) até o momento do adeus definitivo é uma fase em que o doente precisa muito de apoio humano e espiritual, solidariedade cristã, enfim, sem esquecer a família também. Precisamos ajudar a pessoa a viver com uma qualidade de vida boa, dentro dos limites que a situação impõe, preparando-a gradativamente para o adeus, tendo como base a verdade dos fatos. Muitas vezes isso não é fácil de enfrentar. É evidente que há maneiras de comunicar a verdade à pessoa e ela deve ser a maior interessada nesta questão. Comunicar a verdade a respeito da doença e deixar a pessoa sozinha sem nenhum apoio é desumano e antiético. Nossa cultura latina não gosta de comunicar a verdade e prefere esconder ou então mentir. Devemos afirmar que isto na maioria das vezes não ajuda. Quantas brigas por bens materiais, pela herança após a morte... simplesmente porque não se conversou antes.

Outro aspecto importante é observar que encontramos familiares de doentes *vivendo o luto* com o doente *ainda em vida*. Aqui é necessário que o agente de Pastoral seja um exímio facilitador para trabalhar a comunicação com a família e o doente, para que se proporcione vida antes da morte e não a morte ainda estando a pessoa em vida. Nesta situação, acabamos matando a pessoa antes de ela morrer. É uma injustiça que se faz pensando em se fazer o bem. Inacreditável!

2. Ajudar ante os medos

Para ser de ajuda precisamos compreender a situação pela qual o paciente terminal está passando, situação que no geral pode ser caracterizada por uma série de medos. É lidando seriamente com estes "fantasmas" que poderemos responder melhor às necessidades emergentes. Vejamos sinteticamente quais são os medos mais característicos:

1. *Medo do desconhecido*: Não se trata tanto do medo do que vai acontecer no além-morte, mas *medo do agora*. Medo do que vai acontecer na vida real. As perguntas mais comuns são: Que vai ser de minha família? Como reagirão à minha morte? Que mudanças acontecerão no meu corpo?

2. *Medo da dor pela perda*: Ninguém gosta de perder nada e muito menos a própria vida. O paciente terminal

enfrenta de forma gradativa uma série de perdas, como: trabalho, amigos, relacionamentos humanos, planos futuros, e tudo isso o deixa muito angustiado.

3. *Medo da perda do corpo*: O corpo humano não é um mero apêndice do nosso viver. É parte vital do nosso conceito e autoimagem. Os desfiguramentos físicos podem fazer surgir o sentimento de ser feio, não agradável, e de não-aceitação.

4. *Medo da solidão*: O ser humano foi criado para viver com os outros. Viver é conviver. O contato humano é vital. Estando numa UTI, um tanto isolado, por melhor que seja o tratamento surge o medo de não ter ninguém perto na hora que precisar, medo de ficar sozinho.

5. *Medo da perda da família e amigos*: Dizer adeus para alguém não é fácil. Se sofremos para dar "adeuses provisórios", por exemplo, para uma longa viagem, imagine um adeus definitivo! Ser de ajuda é ensinar as pessoas a se dizerem adeus, ajudando na separação.

6. *Medo da perda de autocontrole*: Nossa sociedade enfatiza muito a independência, o autocontrole, a autodeterminação. Nesta hora a pessoa faz a experiência de ser completamente dependente até para as mínimas coisas que sempre fez sem depender de ninguém, como ir ao banheiro, tomar banho, urinar etc. A dependência é sentida como profundamente mutilante. É preciso resgatar a dignidade nesta situação.

7. *Medo do sofrimento e da dor*: Muitas pessoas falam em não ter medo de morrer, mas sim de sofrer. É necessário estar acompanhando a medicação prescrita para tirar a dor. A dor sem explicação torna-se sofrimento, que atinge não só o físico, mas também o psíquico, o social e o espiritual.

8. *Medo da perda da identidade*: Constata-se uma despersonalização gritante em nossas instituições de saúde. As pessoas são chamadas não pelo nome, mas sim pelo "número" e como "casos". Daí o desafio de reforçar a identidade do doente chamando-o pelo nome.

3. Compreender as fases

Junto com esta realidade dos medos, é bom levarmos em conta os estágios pelos quais o paciente terminal passa, descritos por Elizabeth Kubler-Ross. Esta tanatóloga (especialista em morte) americana, no seu trabalho com pacientes terminais, descobriu que eles passam por cinco fases, que descrevemos brevemente a seguir.

O receber a notícia de que se é portador de uma doença incurável é sempre um *choque terrível,* seguindo-se as fases:

1º) *Negação*: O doente nega a realidade da doença. "Não, não pode ser verdade..." "Será que não trocaram os meus exames?" São expressões típicas dessa fase. A negação faz com que ele mude constantemente de médico, hospital e procure converter uma doença grave em benigna. A negação amortece a notícia chocante. A defesa não deve ser tirada, seria demais penoso enfrentar a realidade. Não desencorajá-lo à negação, mas avançar com ele para a verdade.

2º) *Revolta*: Quando não dá mais para negar, a negação é substituída por sentimentos de revolta, inveja, ressentimento. O doente pergunta: "Por que eu?" "Por que isto acontece comigo, eu que sempre fui uma mãe tão dedicada?" O sentimento de revolta é espalhado em todas as direções, contra o médico, a enfermeira, a família, os amigos e até contra Deus. Não tomar esta atitude como se fosse uma agressão pessoal.

3º) *Barganha*: Já que a revolta não resolveu o problema, tenta obter a cura através de barganhas e promessas a Deus. "Sim, mas se eu melhorar vou fazer muita caridade..." Aqui surgem as promessas de orações, peregrinações em troca da saúde perdida.

4º) *Depressão (ou interiorização)*: Nesta altura do processo, percebe-se um desinteresse em receber visitas ou acompanhar notícias. O mundo pode continuar sem ele... Há uma grande necessidade de ficar só e em silêncio. Nesta fase a família precisa de muito apoio, pois acha que o doente está entregando os pontos e exige dele uma postura de "coragem" que não lhe é possível.

5º) *Aceitação*: Não é sinônimo de passividade, pelo contrário, é uma atitude ativa, tomada pelo doente que compreendeu que sua vida chega ao fim, sem grande relutâncias.

Nem todos os pacientes passam sequencialmente por essas fases. É sempre único o modo como cada ser se despede da vida. Esse esquema, quando usado com certa flexibilidade, pode ser uma ferramenta útil.

4. Viver quando alguém parte

A morte de um ente querido é sempre uma ruptura profunda que acontece na vida e requer um ajustamento, tanto no modo de olhar o mundo, como nos planos para se viver nele. A reação frente a essa perda, em nível físico, emocional, social e espiritual é diferente para cada pessoa e depende de uma série de circunstâncias que rodeiam a morte, tais como: tipo de relacionamento que existia, a idade, a doença prolongada ou não, a força e a fé que a pessoa tem.

Quem cultiva uma imagem positiva de si mesmo tem uma fé para se apoiar, tem capacidade de relacionar-se, e, entre outros elementos, terá melhores condições de passar por uma situação de perda de alguém, mas isto não significa que a pessoa não vá sofrer.

O sofrimento é o preço que pagamos por amar. Na realidade, quando escolhemos alguém para amar, deveríamos também saber que corremos o risco de dizer adeus... e deixar partir... É quando o sofrimento começa.

Assim como leva tempo para se amar, também leva tempo para partir. Dizem que "só o tempo cura". O tempo por si não resolve nada. É o que fazemos com o tempo que pode ajudar no processo de cicatrização das feridas do sofrimento. Neste sentido, é importante dar tempo ao tempo: para aceitar a morte, para deixar partir, para tomar decisões, para compartilhar sentimento, para acreditar de novo, para perdoar possíveis mal-entendidos, para sentir-se bem consigo mesmo, para criar novos amigos, para rir e amar de novo.

Perante o sofrimento da perda, ninguém pode tirar a nossa dor, porque ninguém pode roubar o nosso amor. O chamado da vida é aprender a amar de novo.

PARA REFLEXÃO EM GRUPO

1. Como ajudar alguém que esteja morrendo?
2. Quais são as dificuldades encontradas junto aos familiares das pessoas que estejam morrendo?
3. Qual o apoio que a comunidade dá para os enlutados?

7

AIDS: A DOENÇA QUE ASSUSTA

"A cada dia que o mundo deixa de agir,
mais de 10 mil pessoas se infectam com o HIV."
(Kofi Annan – Secretário Geral da ONU)

Desde seu surgimento em 1981, estima-se que 22 milhões de pessoas em todo o mundo já morreram em decorrência da AIDS (Síndrome da Imunodeficiência Adquirida). E, atualmente, mais de 36 milhões são portadores do HIV (vírus da imunodeficiência humana), segundo dados da OMS (Organização Mundial da Saúde).

A situação é dramática na África subsaariana, onde 25% da população economicamente ativa está infectada pelo vírus. Com 27,3 milhões de soropositivos, esta região concentra mais de dois terços dos infectados do planeta. Ali, a população adulta não tem acesso a medicamentos e praticamente desapareceu em muitas aldeias, restando apenas idosos e crianças. Somente em 2000, 2,4 milhões de pessoas morreram no continente africano.

A América Latina tem 1,4 milhão de contaminados, sendo que o Brasil conta com aproximadamente 600.000 portadores do HIV, dos quais 150 mil já morreram.

1. Transmissão da Aids

Pode-se contrair a doença basicamente de quatro formas:
1. Por relação sexual (homossexual ou heterossexual), quer seja anal ou vaginal, quando um dos parceiros é portador do vírus HIV.
2. Através de transfusão de sangue ou produtos de sangue, quando o doador é portador do vírus.
3. Pelo uso da mesma seringa ou agulha contaminada em sessões de tóxicos.
4. Transmissão mãe-filho. Caso a mãe tenha o vírus, pode transmiti-lo para a criança na gravidez, durante o parto ou ainda pelo leite.

Prevenção

Para se evitar a contaminação e disseminação da doença, sugere-se:
1. Relacionamento sexual responsável, com parceiro único que não seja contaminado (fidelidade e monogamia).
2. Uso de seringas e agulhas descartáveis para quaisquer finalidades.
3. Nas transfusões de sangue exigir o teste de Aids.
4. O uso do preservativo, como mal menor, não é uma prevenção infalível. Na verdade é uma meia solução.
5. Denunciar farmácias, bancos de sangue e hospitais que não seguem as regras de esterilização.

É importante ressaltar que não se pega Aids com um abraço, um beijo no rosto, um aperto de mão, em cadeiras, piscinas. A Aids não é transmitida através de copos, talheres, nem através do ar, tosse ou espirros. Podemos conviver perfeitamente, sem correr risco, com um pessoa infectada pelo vírus HIV, contanto que não entremos em contato com o esperma e o sangue.

A vida é o valor ético primordial a ser preservado em função do qual outros valores adquirem sentido, como a fidelidade, a monogamia e a responsabilidade sexual. O mundo com Aids não é mais o mesmo, e mudanças de comportamento já são perceptíveis.

2. Uma experiência pastoral

Sábado à tarde, num grande hospital. O telefone toca. Na voz de quem chama percebo emoção, agitação e temor. Um pedido: paciente com Aids, em fase terminal, quer conversar com o padre! Deixo tudo e me apresso a atender o chamado. Chego ao local e me deparo com uma pessoa humana totalmente desfigurada, passando por uma terrível crise. Médicos e enfermeiras ao seu lado fazem o possível. Ao me apresentar, ele quis logo conversar. Voz tênue, respiração ofegante, no olhar um grito de súplica – Socorro! Suas primeiras palavras: "Padre, eu estou morrendo. Gostaria de estar em paz e que o senhor dissesse aos meus familiares o quanto os amei e que ofereço a minha morte para que eles permaneçam sempre unidos".

Comovido, disse-lhe que estaria com ele como irmão, para ajudá-lo a enfrentar este momento de crise numa perspectiva de fé, na certeza de que o Cristo está conosco, dando-nos muita esperança e certeza da vida eterna.

"Padre, disse-me ele, soluçando, entre lágrimas, tudo foi errado na minha vida. Tenho salvação?" Senti que este era um momento sagrado. Ele falou... chorou... contou muito sobre sua vida. Fui lembrando-lhe o Cristo que veio ao encontro dos pecadores e não dos justos, do seu amor para com os doentes e marginalizados, do seu perdão a tantos. Seus olhos reluziam como que readquirindo nova vida.

"Padre, insistiu ele, quero receber tudo para poder morrer em paz". O diálogo foi crescendo em profundidade, dei-lhe a absolvição, a Unção dos Enfermos. Disse-lhe que ele não estava caminhando fracassado para um abismo ou um túnel sem saída, mas que estava indo para o encontro de Deus, que é um Pai amoroso, que o aguardava de braços abertos. Convidei-o a agradecer o dom da vida e colocá-la nas mãos de Deus. Ele me agradece comovido. Continuo: A., agora que você está se sentindo em paz, não gostaria de receber a comunhão?

"A hóstia, padre? Eu mereço isso?"

Sim, Deus te ama, eu disse. Ele fecha os olhos, escorrem-lhe lágrimas e soluça, soluça de alegria, de gratidão por ainda perceber que Deus está com ele quando tantos o abandonaram e o esqueceram. Rezamos juntos o Pai-nosso, agradeci a Deus a vida de A. e disse que nunca mais o esqueceria. Toda vez que fosse chamado a estar com alguém prestes a morrer, eu me lembraria dele, de sua coragem, humildade e fé reconciliada com Deus.

Ao despedir-me, prometi minhas orações e disse que esperava, um dia, ver-nos novamente no céu. E A., no final da tarde, disse adeus na esperança de viver eternamente.

Era sábado, véspera do Domingo da Ressurreição...

3. Como ser de ajuda?

Refletindo em como ser de ajuda para o doente, não poderíamos deixar de olhar bem de perto o paciente de Aids e toda a problemática envolta na questão, relacionada à discriminação, ao julgamento moral ligado à sexualidade e à morte próxima.

Esses doentes são os mais necessitados de ajuda e são justamente eles os que mais sofrem marginalização e abandono. Não é raro se ouvir nos meios especializados na área da saúde que eles são os leprosos do século XX dos quais precisamos nos cuidar e proteger. Isso tudo é ainda mais agravado pela desinformação em meio a tanta informação sobre a doença, por mais paradoxal que isso possa parecer.

Em si mesma, a doença já constitui para o portador do vírus HIV uma traumatizante experiência, exacerbada em seus efeitos pelo estigma de que a Aids é cercada. Isso exige do agente de Pastoral e/ou visitador voluntário toda sensibilidade humana e amor cristão de que seja capaz.

As situações vividas neste contexto, especialmente junto aos doentes em fase terminal ou próximos dela, tornam fundamentais para o trabalho pastoral estes quatro pontos, a saber: *solidariedade, esperança, espiritualidade e humanidade.*

Solidariedade

A solidariedade é a linguagem universal, entendida por todos. É a ação que faz do distante um próximo, do próximo um irmão e do irmão um filho de Deus.

É muito frequente que o paciente de Aids sinta-se só, isolado e esquecido. Uma das piores doenças do nosso século é justamente a solidão. Ela tem feito centenas de vítimas entre os portadores de Aids e levado ao suicídio muitos deles.

Como se não bastasse todo o estresse emocional que a doença provoca, acrescente-se a isso a segregação a que a pessoa é relegada por familiares, amigos e mesmo profissionais da saúde. É muito forte a mentalidade de que é social e moralmente desonroso ter alguém com Aids na família ou no círculo de amigos. Não bastasse isso, temos julgamentos moralistas apressados em que Deus é visto como o grande juiz disciplinador e que se serve deste mal para chamar à conversão quem se desviou do seu caminho. Grupos religiosos fundamentalistas veem a Aids como um castigo de Deus, punição divina pela depravação moral dos que são lembranças ingratas de Sodoma e Gomorra. Já ouvi neste contexto a Aids sendo denominada como *A Ira do Senhor*. Nesta abordagem a prioridade do julgamento está acima da misericórdia. Podemos fazer de Deus ou da natureza nossos substitutos na pesquisa? É evidente que tudo isto não ajuda a pessoa, faz com que ela se sinta ainda mais rejeitada por tudo e por todos e se perceba como a última na face da Terra. Não temos o direito de ser juízes do sofrimento alheio.

É aqui que se faz necessária a solidariedade, que é estar com a pessoa e deixá-la ser, não como gostaríamos que ela fosse, mas como ela é na realidade nua e crua de sua vida e opções. Nem rir, nem chorar, mas procurar compreender.

Esperança

Sem esperança não há motivo para viver. O povo costuma dizer que ela é a última que morre. Na verdade, a esperança faz com que as pessoas, mesmo em meio a sofrimentos terríveis, encontrem forças para lutar e continuar vivendo com dignidade. Dar esperança ao doente é ajudá-lo a encarar o amanhã da vida com realismo, respeitando seus valores de vida e apoiá-lo no processo de encontrar um sentido de vida no presente angustiante, agravado pelo caos existencial trazido pelo sofrimento.

Este é um desafio muito grande. Uma realidade é ter informações teóricas sobre alguém que está com Aids, outra bem diferente é ter de se defrontar com alguém em vida enfrentando a doença, vivendo o drama de querer viver a todo custo e, no entanto, condenado a morrer sem querer. Outro detalhe importante é que a grande maioria dos pacientes de Aids é extremamente jovem; no vigor de suas vidas são obrigados a se despedir dela precocemente.

É importante lembrar que ninguém quer morrer. No atual momento de nossa história a Aids ainda não tem cura. Fala-se nos Congressos que talvez pelo ano 2000 teríamos uma vacina disponível. A morte nos assusta muito e nem sequer gostamos de pensar no assunto, procuramos simplesmente negá-la. Acontece que junto com a negação desta realidade acabamos negando as pessoas e consequentemente nos sentimos enlutados com a pessoa em vida, impondo-lhe uma morte social antes da morte biológica. Neste caminho, ao invés de proporcionarmos vida digna antes da morte, condenamos à morte a pessoa em vida. O que fazer? Não temos uma fórmula mágica solucionadora do problema. O desafio é estar com estas pessoas, ajudando-as a interpretar criativa e cristãmente, se possível, este acontecimento ou realidade inesperada; é tornar-se irmão do paciente, relacionando-se no nível da situação humana concreta de suas necessidades, quer estas sejam materiais, sociais ou espirituais. O amor humano é uma energia profundamente criativa que nos tira da mediocridade anestesiante da rotina insensível.

Morrer sozinho é triste e dramático. Morrer com alguém ao lado é oferecer dignidade. Não podemos acrescentar ilusões ou oferecer curas milagrosas (não somos Deus), mas é nossa obrigação trabalhar a esperança com os pés na realidade. Nossa ação não pode ficar somente na Sexta-feira da Paixão, mas caminhar rumo ao Domingo da Ressurreição. Entramos desta forma num outro aspecto importante de nossa relação de ajuda, que é o valor da fé e espiritualidade.

Espiritualidade

A espiritualidade está fundamentalmente ligada à percepção da presença ou ausência de Deus. É essencial apresentar ao doente a imagem de um Deus que antes de ser juiz é um pai amoroso, que não quer e muito menos se alegra com o sofrimento de seus filhos. Se assim fosse teríamos a imagem de um Deus sadomasoquista que se compraz com a desgraça de seus filhos.

Neste sentido são de grande proveito as leituras bíblicas adequadas, as orações, os sacramentos e o apoio solícito da comunidade.

A sensibilidade pelo espiritual aflora em situações de doença. Somos testemunhas de ver muitas pessoas se reencontrando com elas mesmas, com os outros (amigos e familiares) e com Deus neste processo. Cabe a nós ajudá-las procurando ser instrumentos de saúde, reencontro e reconciliação.

É verdade que grande parte da população portadora de Aids, principalmente os homossexuais, bissexuais e travestis sentem no seu estilo de vida a marca julgadora e repressiva da Igreja e, por isso, estão, na maioria das vezes, longe, com saudades.

A espiritualidade do agente deve encontrar inspiração no dito evangélico "Estive enfermo e você me visitou" (Mt 25,36). É o próprio Cristo que se identifica com o doente. Procurar descobrir traços do Cristo vivo no doente é desafio e compromisso a ser posto em prática. Trata-se, portanto, de uma espiritualidade profundamente humana.

Humanidade

A pessoa humana é um todo uno nas suas dimensões física, social, psíquica e espiritual. Hoje nos ambientes de saúde se cuida, e muito mal em geral, somente do físico e se esquecem as outras dimensões. Procurar ser humano é atender a pessoa na globalidade de suas necessidades. Quantas pessoas morrem antes do tempo por não ter infra-estrutura básica que lhes garanta viver com dignidade. Quantos doentes são abandonados pela própria família, e quem os acolhe? Quem ajuda a família neste processo? O amor cristão tem de ser traduzido em ação. Boa intenção somente não resolve o problema, é preciso fazer algo, na esteira do Bom Samaritano (Lc 10,29-37).

O maior desafio não é moralizar, mas sim humanizar. A Igreja que se diz "perita em humanidade" não pode deixar de ser um testemunho deste compromisso.

PARA REFLEXÃO EM GRUPO

1. Por que a Aids assusta tanto?
2. Como evitar os preconceitos que marginalizam as pessoas vítimas da Aids?

QUEM É O AGENTE DE PASTORAL DA SAÚDE?

"É alguém vocacionado e chamado por Deus a trabalhar em favor da vida e da saúde; presença amorosa e libertadora de Jesus que cura."

"Pessoa rica em humanidade, que comunica proximidade, acolhida e carinho; capaz de escutar e de acolher o outro em sua história pessoal, sua individualidade e oferecer-lhe hospitalidade em seu coração."
(Guia da Pastoral da Saúde para a América Latina e o Caribe – CELAM)

O Agente de Pastoral da Saúde deve estar em comunhão com a comunidade eclesial. Recebe preparação e delegação específica da comunidade através do pároco, para servir com amor e competência aos doentes, em domicílios ou em hospitais. Procura realizar essa missão não em nome próprio, individualisticamente, mas em nome da própria Igreja local que procura viver o mandato de Cristo que diz: "Pregai o Evangelho e curai os enfermos".

Para desempenhar a contento essa missão são necessários dez requisitos fundamentais que apresentamos a seguir:

1. *Equilíbrio psicológico*: É necessário ter certo controle das emoções, sem o qual se pode causar mais sofrimento

que bem-estar do doente. Muitas vezes partilhar as lágrimas é o melhor presente que podemos dar à pessoa. A lágrima não é sinal de fraqueza, mas expressão biológica de sensibilidade humana.

2. *Participação na vida da paróquia e/ou comunidade*: A comunidade é o local onde o ministro nutre sua vida espiritual, aprofunda sua fé cristã, espírito de oração e serviço ao próximo carente.

3. Que tenha *boa reputação e estima,* portanto, seja um testemunho de vida onde vive.

4. Que tenha certa *preparação teológica,* conhecimento da doutrina cristã e da Bíblia, para que possa dar as "razões da sua esperança" quando questionado.

5. Que tenha facilidade de *comunicação* com as pessoas, capacidade de diálogo em situações de sofrimento e conflito, e seja capaz de acolher os sofrimentos, as esperanças e as alegrias dos outros.

6. Que tenha uma *mentalidade aberta* e uma visão clara da obra do Cristo redentor, bem como da missão da Igreja frente ao contexto de pluralismo religioso, sem preconceitos ou julgamentos moralizantes.

7. Que saiba *trabalhar em equipe*, assuma e leve os outros a desempenharem responsavelmente seu trabalho pastoral, procurando ser perseverante. Desenvolver um

serviço gratuito não significa fazê-lo de qualquer jeito e somente quando quer. É necessário ter visão de pastoral de conjunto e organização.

8. *Em relação ao doente*:
• Procurar ser um bom ouvinte e acolhedor, respeitar as outras crenças (ecumenismo) sem se deixar envolver por superstições. Não discutir, mas dialogar quando se faz necessário. A discussão não cria união entre os cristãos, mas sim tensão e separação. Evitar o proselitismo. Em tudo procurar o amor fraterno.

• Não minimizar o sofrimento do doente ou a sua doença contando "casinhos semelhantes" acontecidos com outras pessoas. Para o doente o seu sofrimento é único e o maior do mundo, e a sua doença é sempre especial.

9. O agente de Pastoral tem de ser um *perito* em *medicar a "dor da alma"*. É muito frequente as pessoas dizerem que dói o mais ínfimo delas. Esse sofrimento precisa ser tratado. Ouvir as vozes do sofrimento é realmente uma arte exigente.

10. *Em relação à família*: É preciso conhecê-la e para isso é necessário tempo para que nasça a confiança. É muito importante dar atenção aos familiares, procurando entender a sua situação. Muitas vezes eles estão mais necessitados que o próprio doente. Por vezes eles estão muito cansados com a enfermidade prolongada e não têm tanta energia para fazer "festa" pela chegada do ministro. Não é raro, existindo alguém doente, a família que estava dividida, agora ter de

estar reunida e fazer as pazes perdoando-se. O ministro pode ajudar muito neste processo.

11. Em relação aos *profissionais da saúde*: Procurar conhecê-los, saudá-los gentilmente criando laços de amizade. Em caso de dúvidas sobre alguma coisa a respeito do doente, informar-se com eles, geralmente a enfermeira ou o auxiliar de enfermagem, ou mesmo o médico. Respeitar os casos especiais como isolamentos, UTIs etc. e só entrar nesses ambientes com autorização e as devidas precauções. Neste sentido o agente de Pastoral precisa *conhecer a estrutura de funcionamento do hospital*. O hospital é muito diferente da Igreja. Na Igreja vai quem quer, no hospital quem não quer. É um resumo de tudo o que acontece na sociedade, de bom e de ruim. Tem todo tipo de gente, do santo ao bandido, diferentes religiões, valores de vida etc. É uma realidade paradoxal que desafia a nossa criatividade de cristãos.

Casos especiais: Caso o *doente esteja inconsciente* e você não o conheça, informe-se com os familiares ou acompanhantes a respeito de sua fé e, se for oportuno, faça uma oração com eles ou chame o padre se for necessário.

Crianças com doenças graves e não batizadas: Depois de verificar o desejo dos pais ou pessoa responsável, administre-lhe o sacramento do Batismo (Batismo de emergência) da seguinte forma: derrame um pouco de água na testa da criança e pronuncie o seguinte: (nome), eu te batizo em nome do Pai e do Filho e do Espírito Santo. Amém. Não esquecer de avisar os responsáveis que a criança, ficando boa, eles deverão apresentar-se ao pároco para completar a celebração e registrar no livro de Batizados da paróquia. Em caso de necessidade, qualquer pessoa que tenha fé cristã pode batizar: a enfermeira, a auxiliar de enfermagem, por exemplo.

12. *Quanto à visita:*

• Apresentar-se convenientemente vestido, com crachá de identificação, ser for num hospital. Se o hospital tem capelão, estar em sintonia com ele.

• Caso aconteça de, ao *entrar no quarto do doente,* encontrar algum profissional (médico, enfermeira etc.), não tenha medo, saúde-o fraternalmente e aguarde sua vez. O trabalho deles é tão importante e necessário quanto o seu. A pessoa humana não é só corpo, mas tem também uma dimensão espiritual da qual o ministro dos doentes deve ser especialista.

• Quando o doente lhe solicitar algo que é de *competência de outros profissionais,* explique gentilmente que você não pode interferir no trabalho. Simplesmente se dirija a esses profissionais e comunique a necessidade. Também não levar sem autorização alimentos para o doente, uma vez que isto pode interferir no tratamento médico, complicando mais ainda a situação do doente.

• Quanto ao *horário da visita* é preciso descobrir o momento mais oportuno de fazê-lo, levando em consideração as condições do doente, os costumes da família e o melhor horário do hospital. Em geral nos hospitais é sempre melhor pela tarde, quando o paciente não tem tantos cuidados de enfermagem (banho, curativos, exames etc.) ou visita médica, que acontece pela manhã.

• Quando o doente tem *visita dos familiares* e/ou amigos, lembre-se de que estes são mais importantes que você. Não tomar o pouco tempo reservado para eles, você pode voltar em outro momento.

• Ter a *sensibilidade* de perceber *quando o doente está cansado* e *necessitando de repouso*. Cuidar para não ser chato e demorado na visita. Procurar não ser um visitador-repórter, que só faz perguntas para matar a curiosidade pessoal. Além disso, se estiver em casa de família, manter o sigilo ético, procurando não gerar fofocas com terceiros do que só pertence àquela família. Em tudo ter discrição e bom senso. Transmitir alegria e confiança, brevidade sem afobamento ou pressa. Não esquecer que o doente é um radar de alta sensibilidade. Ele percebe imediatamente se estamos por amor ou não o visitando.

• Caso você não esteja bem consigo mesmo (cansado, angustiado, triste por ter perdido alguém, descontrolado emocionalmente etc.) não vá visitar doentes. O que você precisa é realmente espairecer um pouco. Vá pescar, passear ou praticar algum esporte.

• Não ter pressa na visita. Se o doente perceber que o agente de Pastoral está aflito, olhando para o relógio, ele certamente não vai falar tudo o que gostaria. Ele precisa sentir-se livre e a pessoa mais importante naquele momento.

PARA REFLEXÃO EM GRUPO

1. Quais são as exigências para ser um bom agente de Pastoral da Saúde?
2. Como fazer uma visita?
3. Como sensibilizar nossa comunidade para que mais pessoas se engajem nesse trabalho?

A PRESENÇA SOLIDÁRIA É O MELHOR PRESENTE

"Quando pensares em falar algo, cuida que tuas palavras tenham maior valor que o teu silêncio."
(Provérbio indiano)

"O silêncio é necessário em muitas ocasiões, mas é preciso sempre ser sincero; podem-se reter alguns pensamentos, mas não se deve camuflar nenhum. Há maneiras de calar sem fechar o coração; de ser discreto sem ser sombrio e taciturno; de ocultar algumas verdades sem as cobrir de mentiras."
(Joseph A. Dinouart, Abade francês, 1771)

Na realidade da saúde há frases prontas que, proferidas com o aparente objetivo de ajudar, na verdade mais do que ir ao encontro da pessoa que sofre, quem as profere está se confortando. Mais do que aliviar as dores do outro, busca resolver o desconforto pessoal. Entre as muitas, selecionamos as 10 expressões mais comuns que é bom evitar usá-las:

• *"É vontade de Deus"* (Deus sabe o que faz). É muito fácil dizer isso! A frase corta qualquer possibilidade de comunicação. Talvez seja difícil para nós nos sentirmos impotentes diante do sofrimento, então culpamos Deus... É o caminho certo para levar as pessoas a ficar com raiva de

Deus. Seria mais honesto reconhecer que não compreendemos o porquê de certos sofrimentos.

- *"Deus dá somente o que podemos suportar."* Há uma música que diz: "Deus dá o frio conforme o cobertor". Como podemos dizer com certeza que essa é a forma de Deus agir? Não é fácil saber o que Deus quer de nós em situações de sofrimento.

- *"Deus prova aqueles que ele ama."* De fato essa expressão está na Bíblia, no Antigo Testamento. Muitos dizem: "Como o ouro se purifica no cadinho... assim você no sofrimento". Essa expressão facilmente reflete a imagem de um Deus sadomasoquista, que se alegra com o sofrimento de seus filhos. Santa Teresa D'Ávila, uma grande doutora da Igreja, já disse: "Se é essa a maneira como ele trata seus amigos, não me admiro que tenha tão poucos..."

- *"Existe uma razão para tudo."* Há quem diga: "Deus escreve certo por linhas tortas". Essas duas expressões podem trazer à tona ideias de predestinação, bem como soluções e explicações para o sofrimento na base da aceitação passiva, isto é, resignação a um destino já traçado de que não podemos escapar. Isto pode levar a pessoa a se revoltar e se posicionar defensivamente. Pode existir uma razão, mas com que certeza podemos afirmar categoricamente que é assim?

- *"Coragem, você tem de ser forte."* Essa expressão na verdade quer comunicar otimismo, mas pode levar a uma negação dos sentimentos que a pessoa tem. Se a pessoa tem fé, então é lógico esperar que não sinta dor, revolta ou insegurança. Trata-se aqui de *negação da humanidade.* Negam-se os sentimentos, as emoções e a própria humanidade de Jesus. É bom lembrar que a fé ajuda a viver e conviver, mas não elimina o sofrimento.

• *"Jesus cura, aleluia."* Sim, Jesus curou muitos doentes e restituiu a saúde a muitos, como nos é relatado nos Evangelhos. Não é sabedoria negar a realidade da doença. Milagres existem sim, mas não somos nós que temos o poder de realizá-los. É com Deus este assunto. Muitas vezes essa expressão é utilizada como forma de se proteger do sofrimento do outro e não estar com a pessoa na Sexta-feira da Paixão (dores, sofrimentos, medos e inseguranças). Pula-se logo para o domingo da Ressurreição (saúde, festa, alegria etc.). Nega-se assim uma faceta do mistério pascal que é feito na sexta-feira Santa e se fica somente no Domingo da Ressurreição. Só quem está com a pessoa no dia do sofrimento descobre a verdadeira alegria da ressurreição.

• *"Você não morre até que chegue a hora." "Finalmente descansou." "Graças a Deus, foi melhor para ele." "Deus o levou."* Essas expressões podem provocar sentimentos fortes, tais como: Um Deus que rouba pessoas queridas? É verdade que são expressões que suavizam a dureza cruel de uma realidade profunda da vida, a morte. Nos bastidores do hospital não se usa essa palavra, fala-se em "alta celestial" etc.

• *"Com o tempo passa, não se preocupe."* Na verdade, não é o tempo que cura as feridas pela perda de alguém querido. O que na verdade nos ajuda e é fator de cura interior *é o que fazemos,* como empregamos o tempo disponível. Nessa perspectiva é o remédio... o tratamento... a fé... o amor... a reconciliação... o envolvimento em atividades voluntárias. Tudo isso cura.

• *"Onde existe vida existe esperança."* Essa expressão é positiva em si mesma, mas conforme o uso pode justificar um tratamento continuado, o uso de meios extraordinários para manter a vida, os quais, por vezes, mais que acrescentar vida, prolongam sofrimentos inúteis. O fato é que onde existe vida, existem também frequentemente o desespero, a revolta, a tristeza, a dor e a desesperança. O otimismo exagerado pode comprometer a realidade dos fatos e negar os sentimentos da pessoa, exigindo a todo custo a cura. A esperança faz com que até mesmo o momento da morte se transforme numa realidade de vida nova.

• *"É preciso sofrer muito para ganhar o céu."* Jesus não veio até nós para nos ensinar a sofrer, mas *como amar* e viver a fraternidade. O sofrimento é uma realidade que está aí e não pode ser negada. Faz-se presente na pobreza, no desemprego, na perda de alguém querido, na favela, na fome etc. A grande maioria dos sofrimentos é o próprio ser humano que causa. Mas e o sofrimento dos inocentes? Sim, é um mistério, difícil de entendê-lo e muito mais de explicá-lo. Trata-se de um encontro difícil com a nossa imperfeição humana. Na verdade o sofrimento não está aí para ser explicado, mas para ser eliminado. Não podemos conformar-nos passivamente que o mundo é "um vale de lágrimas", mas caminhar para a terra prometida da alegria, da esperança e da saúde.

A essa altura podemos perguntar-nos: o que dizer então? É difícil saber exatamente. Não há uma fórmula mágica, infalível para resolver o problema. *Mais fácil é tomar consciência do que não se deve dizer.* Geralmente o que você não gostaria de ouvir, que lhe causaria sofrimentos adicionais, não diga ao outro, pois tem o mesmo efeito.

Cada situação é completamente diferente da outra. Cada pessoa é inteiramente original. Não podemos dizer ou ler a mesma coisa para todos, como se todos estivessem sentindo a mesma coisa e passando pela mesma situação. A criatividade do amor nos faz ver o que é mais conveniente e apropriado em cada circunstância.

O mais importante não é saber o que dizer, mas simplesmente ser presença viva do amor de Deus. O silêncio é também uma forma de comunicação e respeito. Acontece que não sabemos mais como valorizar o silêncio. Na hora do sofrimento, dificilmente lembramos o que as pessoas dizem, mas lembramos quem esteve ou não presente. Daí o estar presente ser fundamental!

Ainda é bom lembrar que o doente não é somente objeto de nossa ação pastoral (nós é que sabemos o que é bom para ele, que orações ele precisa fazer, textos para ler etc.), mas ele é *sujeito* e também *nos evangeliza*. Quantos testemunhos extraordinários de fé, amor, esperança e aceitação dos limites encontramos neste trabalho ("Fomos confortar e saímos confortados.").

PARA REFLEXÃO EM GRUPO

1. O maior presente que podemos dar a alguém é a nossa própria presença. Muitas vezes as pessoas dão coisas e não se doam a si mesmas. As coisas não confortam ninguém, só as pessoas.
Discutir essa afirmação.
2. Como nos comunicamos com os doentes?
3. Partilhar as alegrias e as dificuldades pessoais encontradas neste trabalho.

10

OS SACRAMENTOS NA PASTORAL DA SAÚDE

> "Os sacramentos da nova lei foram instituídos por Cristo e são sete, a saber: o Batismo, a Confirmação, a Eucaristia, a Penitência, a Unção dos Enfermos, a Ordem e o Matrimônio. Os sete sacramentos atingem todas as etapas e todos os momentos importantes da vida do cristão: dão à vida de fé do cristão origem e crescimento, cura e missão. Nisto existe uma certa semelhança entre as etapas da vida natural e as da vida espiritual."
> (Catecismo da Igreja Católica, n. 1210)

Os Sacramentos são sinais de salvação e da gratuidade do amor do Pai, instituídos pelo Cristo para o bem da humanidade.

Pelos sacramentos, a Igreja continua no tempo e no espaço os gestos de salvação de Cristo.

Através da Igreja, Cristo continua pronunciando palavras que geram vida em abundância (Jo 10,10), promovem a reconciliação, a santificação e proporcionam força e esperança de saúde.

Na Pastoral dos Enfermos os sacramentos mais solicitados são: a Unção dos Enfermos, a Eucaristia e a Reconciliação.

Não podemos esquecer-nos de que os sacramentos supõem a fé, não qualquer fé, mas a fé cristã. Só para quem tem fé, os momentos fortes da vida (nascimento, opção de vida, alimentação, doença etc.) tornam-se verdadeiras revelações da presença, ajuda e graça de Deus. Sem isto o rito celebrativo se transforma numa coisa mágica. Aqui está uma tarefa importante do ministro em ser *evangelizador da fé*.

É importante ter presente estes dez pontos ao se preparar ou administrar os sacramentos:

1. Respeito profundo pela *liberdade humana*. Nunca forçar. Cristo é o maior exemplo. Ele convidou, nunca impôs nada a ninguém: "Se queres..." O sacramento é sempre uma proposta, um convite, e não uma intimação obrigatória.

2. Prestar atenção na *dimensão comunitária* dos sacramentos: envolver participativamente os familiares, amigos e profissionais da saúde quando a situação permite. Dar à celebração e/ou encontro de oração um caráter educativo, de verdadeira catequese para todos os participantes.

3. Ter *sensibilidade* pela situação de momento do doente. Saber esperar, adiar ou acelerar. Em muitas situações não podemos exigir as condições máximas para a pessoa receber os sacramentos, mas não podemos abrir mão das condições mínimas, sem as quais o sacramento fica descaracterizado de seu significado. É necessário ter prudência.

4. Em situações de pessoas que morrem sem receber os sacramentos, confiar que assim como Deus, em seu amor e sua bondade, cuida tão bem de uma flor do campo ou de um animal, ele não vai abandonar um filho(a) querido(a) nesta hora em que ele mais precisa.

5. *Eliminar* da celebração qualquer *sinal de superstição ou magia.* Isso se conseguirá através do diálogo entre o ministro e a comunidade presente que poderá clarear o verdadeiro sentido da fé e da celebração; isso não significa desrespeitar toda a riqueza que vem das tradições religiosas de nosso povo, como, por exemplo: devoção aos santos, Nossa Senhora, devoção ao Senhor crucificado.

6. A celebração do sacramento seja feita com *dignidade e sobriedade.* Faz-se necessário muitas vezes adaptar as orações às diferentes circunstâncias. Prestar atenção para que não haja interferência de barulhos ou som de rádio, aparelho de som ou TV. Gentilmente pedir para abaixar o volume ou desligar.

7. A condição mínima para receber o sacramento é que a *pessoa esteja preparada e tenha uma motivação de fé.* Caso a pessoa esteja há muitos anos sem se confessar, motivá-la para a importância do sacramento da Reconciliação e avisar o padre. Então, sim, após isso, administrar a Eucaristia. Se a atitude do enfermo não for inspirada pela fé, mas por outros motivos, como: pressão dos familiares, conformidade social, tradição etc., é preferível adiar o dom do sacramento.

8. Valorizar a *Palavra de Deus* na celebração. Na Bíblia encontramos muitos textos apropriados para a situação do doente, que infundem fé, confiança e esperança, ajudando a pessoa a dar um sentido cristão ao sofrimento humano. Ler trechos do Evangelho em que Jesus cura os doentes é importante. Caso a pessoa não consiga ler por ter visão enfraquecida ou por não saber ler, motivar alguém da família ou companheiro de quarto para que faça isso!

9 . Levar em conta a *importância da oração*. A oração é o respiro da alma. É um verdadeiro diálogo com Deus. O ministro deve ser uma pessoa de oração. Além das orações comuns (Pai-nosso, Ave-Maria, Credo etc.), ajudar o doente a fazer da própria experiência de estar doente uma oração, colocando seu sofrimento junto com o sofrimento do Cristo.

10. Além dos sete sacramentos oficiais, existe o oitavo sacramento, oficioso, é verdade, mas de grande validade: o sacramento da presença, da solidariedade fraterna. A sua presença deve manifestar-se como um sinal do amor de Deus. Aqui não se trata de amar o próximo para agradar a Deus, mas o Deus que eu amo me conduz ao irmão e me ajuda a amá-lo como ele é, e não como eu gostaria que ele fosse: através de minha presença Deus comunica ao outro o seu amor.

Concluindo, é necessário *ter sempre como prioridade: o testemunho de Igreja* sobre o proselitismo (querer converter, prometer cura facilmente etc.); *a convicção pessoal* sobre a convenção social ou tradição; *a opção livre e consciente* sobre a obrigação; *a proposta-convite* sobre a imposição; *a dimensão comunitária* sobre o individual e, finalmente, a prioridade da *humanização e evangelização* sobre o sacramentalismo.

PARA REFLEXÃO EM GRUPO

1. O que são os sacramentos?
2. Quais são as exigências para administrar um sacramento?

RECONCILIAÇÃO E PAZ INTERIOR

"Nós vos suplicamos em nome de Cristo: reconciliai-vos com Deus."
(2Cor 5,20)

Um dos sacramentos frequentemente solicitado na Pastoral dos Doentes é a reconciliação ou confissão. O agente de Pastoral da Saúde pode exercer um importante papel neste processo de ajudar o doente a se preparar para reconciliar-se consigo mesmo, com os outros e com Deus. O ministro desse sacramento é exclusivamente o sacerdote.

Uma atenção especial é exigida no respeito à consciência e liberdade da pessoa, sem procurar impor. Trata-se de uma proposta. Não é boa prática pastoral insistir demais. É evidente que os sacramentos destinam-se aos cristãos-católicos que tenham fé. Pelo fato de não se administrar o sacramento aos não-católicos, não significa que estes não possam ser atendidos pastoralmente. Nossa sensibilidade cristã deve estar sempre aberta às necessidades humano-espirituais das pessoas indistintamente de credo.

O agente de Pastoral da Saúde tem aqui uma missão de vital importância no sentido de ajudar a pessoa a descobrir o valor da fé, despertá-la onde ela está adormecida, ampará-la quando estiver abalada. Ele não é um fiscal da fé e muito menos um juiz do que é certo ou errado. Bom senso e espírito de discernimento são ingredientes indispensáveis para sermos de ajuda. Em tudo, colocar em ação o amor evangélico.

Não raro, o agente será depositário de confidências dos doentes, verdadeiras "confissões". Sigilo ético, preservando o que foi dito sem comunicar aos outros, é uma necessidade imperiosa. A confiança é algo muito precioso em nível de relacionamento humano. Se o doente confiou em nós, valorizar isso e procurar corresponder.

Pelo simples fato de se estar doente ou imobilizado numa cama por vários dias, semanas ou mesmo meses, as pessoas acabam fazendo naturalmente uma revisão de vida. Quando se está em plena forma, com saúde, dificilmente reservamos um tempo específico para nos dedicarmos ao cuidado da vida espiritual. Nesta hora sobra muito tempo e por vezes não se sabe o que fazer com tanto tempo livre. Este pode ser um momento-chave a ser aproveitado para aprofundar mais o relacionamento familiar, as leituras bíblicas ou outra atividade construtiva.

Nunca me esqueço do encontro com um paciente de AIDS que, prestes a morrer, me disse: "Padre, gostaria de estar em paz e que o senhor comunicasse aos meus familiares o quanto os amo". Sim, ter paz é um dos anseios mais profundos do ser humano. Numa hora de dor, sofrimento ou doença, sua presença ou ausência é profundamente sentida. Sem paz, o viver torna-se um sofrimento terrível. Daí a importância da reconciliação, que traz harmonia de convivência, alegria de viver como filho de Deus, apesar de nossas limitações ou falhas humanas. Aprofundemos um pouco o sentido da reconciliação.

Reconciliação: saúde da alma

O ser humano é uma unidade e, no entanto, sente-se muitas vezes dividido em si mesmo, por forças polares que o deixam angustiado de ser e na incerteza de um caminho a seguir. Podemos distinguir três níveis na pessoa: primeiramente o sentir-se limitado: capaz disto, mas incapaz daquilo: é *criatura*. Em segundo lugar percebe-se ferido, capaz de fazer o mal: é a marca do *pecado*. Por fim, é chamado a participar do divino: é a marca de *Deus* em nós.

Jesus Cristo vem ao encontro da pessoa humana libertando-a para o dinamismo do amor e mostra que precisamos superar a realidade do pecado pela conversão e reconciliação permanente. "Convertei-vos e crede no Evangelho" é a ordem. O cumprimento desse imperativo nos deve deixar sempre insatisfeitos conosco mesmos, com o que conseguimos de conversão e de fé no Evangelho. Somos peregrinos, sempre em busca de algo mais, em direção a uma transformação total. Constatamos que a crença e o sofrimento são fatores provocadores de mudança e transformações em nível de estilo de vida, valores e objetivos.

Reconciliação significa mudança, não somente de modo de pensar, mas também de sentimento e atitudes. É voltar-se para Deus e para o próximo, iniciando vida nova. Parece que ainda não aprendemos o suficiente a lição da reconciliação com o outro. Facilmente dizemos estar bem com Deus estando em ruptura com o irmão. É a marca da autossuficiência, do orgulho doentio que impede de sermos despojados e carentes do perdão divino.

No cristianismo, o encontro com Deus supõe, antes de tudo, um encontro com o outro. No Pai-nosso rezamos "Perdoai as nossas ofensas, assim como nós perdoamos a quem nos tem ofendido". Jesus insiste dizendo que, "se de fato perdoamos aos homens as suas ofensas, também o Pai celeste nos perdoará. Se, porém, não perdoamos aos homens, também nosso Pai não nos perdoará" (Mt 6,14-15).

Cristo, reconciliador da humanidade com o Pai, nos dá forças para poder dar esse novo passo, por sinal difícil, e reiniciar um novo relacionamento de amor com os outros. O amor de Pai faz-nos descobrir que as verdadeiras dimensões da reconciliação se realizam na comunidade cristã, na Igreja. Jesus confiou à Igreja o que São Paulo chama de "ministério de reconciliação".

O pecado nos tira da comunidade-Igreja, quebrando essa dimensão dialogal com o próximo e com Deus. Na reconciliação, descobrimos que nos realizamos na medida em que deixamos o egoísmo e partimos para formar comunhão.

Através dela três novos relacionamentos brotam: 1) *com Deus Pai,* que oferece gratuitamente seu amor salvífico, do qual somos filhos; 2) com os *outros,* em relação aos quais nos descobrimos irmãos e juntos chamados a viver a fraternidade; 3) *com nós mesmos,* quebrando a carapaça de orgulho que nos amarra e impede o germinar da semente do amor gerador de vida.

A reconciliação unifica em nós forças opostas que tentam nos dividir, recolocando-nos como seres íntegros, unos e dialogais. Há alegria e festa na volta do "filho pródigo" à casa paterna. Somos testemunhos de muitas conversões neste trabalho de ir ao encontro das pessoas doentes. É o perdão gerando vida.

> PARA REFLEXÃO EM GRUPO
>
> **1.** O que é ser agente de reconciliação?
> **2.** Como os doentes encaram a confissão?
> **3.** Qual o sentido do sacramento da reconciliação em nossas vidas?

12

A UNÇÃO DOS ENFERMOS

> "Alguém dentre vós está doente? Mande chamar os presbíteros da Igreja para que orem sobre ele, ungindo-o com óleo em nome do Senhor. A oração da fé salvará o doente e o Senhor o porá de pé e, se tiver cometido pecados, estes serão perdoados."
> (Tg 5,14-15)

O sacramento da Unção dos Enfermos é uma graça especial, comunicadora da força e vida de Deus ao doente numa situação particularmente difícil da vida humana. Cristo instituiu este sacramento específico aos doentes para socorrê-los em suas dificuldades.

Diz o *Rito da Unção dos Enfermos e sua Assistência Pastoral* no n. 5: "Na verdade, aquele que adoece gravemente necessita de uma graça especial de Deus, a fim de que, premido pela ansiedade, não desanime, e, submetido à tentação, não venha a perder a própria fé".

Pergunta-se frequentemente a respeito dos efeitos da Unção dos Enfermos. O mesmo ritual no n. 6 diz: "Este sacramento confere ao enfermo a graça do Espírito Santo que contribui para o bem do homem todo, reanimado pela confiança em Deus e fortalecido contra as tentações do maligno e as aflições da morte, de modo que possa não somente suportar, mas combater o mal, e conseguir, se for conveniente à sua salvação espiritual, a própria cura. Este sacramento proporciona também, em caso de necessidade, o perdão dos pecados e a consumação da penitência cristã".

Em que consiste a celebração deste sacramento muitos podem perguntar: "Consiste na oração da fé e na Unção dos Enfermos com o óleo santificado pela bênção de Deus após a imposição das mãos pelos presbíteros da Igreja; por este rito é significada e conferida a graça do sacramento" (Rito da Unção, n. 5).

O sacramento da Unção dos Enfermos foi tradicionalmente conhecido como extrema-unção e era administrado quando a pessoa estivesse às portas da morte. Esta mentalidade ainda não foi completamente superada. Grande parte dos católicos espera ainda chamar o padre somente nas últimas ou então quando o doente já não está mais consciente. Isso precisa ser superado.

A Unção é o sacramento para os que sofrem de uma doença séria. Não é o sacramento para a morte (o *viático,* que significa alimento para a viagem), mas para a saúde e a vida, embora possa ser dado também para quem está prestes a morrer. Diz São Tiago ao falar deste sacramento: "A oração da fé salvará o doente e o Senhor o porá de pé" (Tg 5,15).

A Unção deve ser administrada quanto antes a quem esteja sofrendo por causa de uma doença séria. O ideal seria que o próprio doente a solicitasse.

Esse sacramento pode ser dado na Igreja, na casa do doente ou no hospital, durante a missa, bem como fora da missa. Somente o sacerdote pode administrar o sacramento da Unção dos Enfermos.

1. Quem pode receber a Unção dos Enfermos?

1. *A pessoa que tem uma doença séria* e que põe em risco a própria vida. Quem não está doente ou sofre apenas de doenças simples que não colocam em jogo a vida não deveria receber.

2. *Os idosos*, embora não estejam doentes, podem receber a Unção dos Enfermos, desde que seu estado geral indique declínio de suas forças físicas e psíquicas que lhes impeça de levar vida normal. Em geral acima de 60 anos.

3. *As crianças gravemente enfermas* também podem receber a Unção dos Enfermos, desde que tenham o uso da razão e a formação religiosa suficiente para entender que recebem o sacramento.

4. *Antes de uma cirurgia.* "Antes de uma cirurgia pode ser dada ao enfermo a Unção Sagrada sempre que uma doença grave seja a causa da intervenção" (*Rito da Unção*, n. 10). O princípio a ser levado em conta é a situação presente, não o futuro perigoso de complicações que possam sobrevir.

5. *Doentes inconscientes.* "A Sagrada Unção pode ser dada aos doentes privados dos sentidos ou uso da razão, desde que se possa crer que provavelmente a pediria, se estivesse em pleno gozo das suas faculdades" (*Rito da Unção*, n. 14).

2. Quantas vezes pode-se receber esse Sacramento?

Houve um tempo em que esse sacramento era administrado uma só vez na vida à mesma pessoa. Hoje, graças aos estudos teológicos, esse sacramento pode ser recebido mais de uma vez. Por exemplo, se a pessoa adoecer mais de duas ou três vezes na vida, em cada uma dessas situações ela pode receber o sacramento da Unção. Também no decorrer da mesma doença a pessoa pode receber a Unção dos Enfermos mais de uma vez, nos momentos de crise maior.

Concluindo, é bom sempre ter presente que o sacramento da Unção dos Enfermos é o sacramento dos enfermos, e não só dos moribundos; é o sacramento da salvação integral, e não só da saúde do corpo, nem só da alma; é o sacramento da fé, e não algo mágico; é o sacramento de toda a comunidade, e não só do indivíduo; é o sacramento da solidariedade humana, esperança e saúde, e não do desespero e do fim.

PARA REFLEXÃO EM GRUPO

1. Como fazer uma catequese da Unção dos Enfermos na nossa comunidade?
2. Quem pode receber esse Sacramento?

13

SÃO CAMILO DE LELLIS: O SANTO PROTETOR DOS DOENTES

"Mais coração nas mãos, irmão."
(Camilo de Lellis)

No dia 14 de julho a Igreja comemora a festa de São Camilo de Lellis (nasceu na Itália, em 25 de maio de 1550), fundador dos Camilianos, congregação religiosa que tem como carisma ser presença viva do Evangelho no mundo da saúde. No primeiro domingo após o dia 14 de julho celebra-se, no Brasil, o *Dia do Enfermo*.

Destacamos aqui tão-somente alguns dos pensamentos mais marcantes de Camilo de Lellis, no que toca à abordagem ao doente, que podem servir como motivação para os ministros dos doentes:

• "Quem quiser trabalhar com os doentes, antes de mais nada, peça a Deus que lhe dê um amor de mãe para com os doentes, a fim de que possamos assisti-los com toda a caridade, tanto na alma quanto no corpo, pois com a graça de Deus queremos prestar assistência a todos os doentes com o mesmo amor com que uma amorosa mãe assiste seu filho único gravemente enfermo".

• "Quem quiser trabalhar com os doentes purifique antes a sua alma, a fim de que, renovado espiritualmente, se torne mais apto para assistir os doentes."

• "Os doentes que assistimos um dia nos levarão a contemplar a face de Deus."

• "Meus filhos, atendam de preferência os doentes mais pobres e desamparados e procurem ajudá-los e assisti-los até a morte."

• "Enquanto as mãos fazem o seu trabalho, os ouvidos devem estar abertos para acolher suas ordens e seus desejos, a língua deve estar pronta para exortá-lo a ter paciência e o coração para interceder a Deus com ele."

• "Os doentes são os nossos senhores e patrões. Devemos servi-los como se fôssemos seus servos e escravos."

• "Nós, que trabalhamos com os doentes, não devemos ter inveja de ninguém, pois Deus nos confiou a parte melhor da caridade."

• "Se, ao morrer, tiver uma lágrima ou um gemido de doente intercedendo por mim diante de Deus, eu me darei por plenamente satisfeito."

- "O que fazes pelos doentes, deves fazê-lo por amor."

- "Hoje Deus quer de nós obras de caridade. Não seria boa aquela piedade que cortasse os braços da caridade. Enquanto o tempo é nosso, é suma perfeição fazermos o bem aos pobres, e, se for necessário, ajudemo-lo, deixando Deus por Deus porque não nos faltará o tempo de contemplá-lo no paraíso. Ai de nós, porém, se esquecêssemos que devemos sempre orar. Se nos limitássemos àquela breve hora de oração da manhã e depois vagássemos o dia todo em ocupações com a mente distraída, no fim do dia achar-nos-íamos com as mãos cheias de moscas e de vento..."

- "Na assistência noturna, lembremo-nos de que, nos conventos, Deus é dignamente louvado por tantos religiosos que rezam o ofício divino noturno. Também nós, assistindo e confortando os doentes nas mesmas horas da noite, oferecemos a Deus louvor e sacrifício não menos agradáveis aos seus olhos."

Oração a São Camilo

Glorioso São Camilo, volvei um olhar de misericórdia sobre os que sofrem e sobre os que os assistem.
Concedei aos que sofrem aceitação cristã, confiança na bondade e no poder de Deus.
Dai aos que cuidam dos doentes dedicação generosa e muito amor.

Ajudai-me a entender o mistério do sofrimento como meio de redenção e caminho para Deus.

Vossa proteção conforte os doentes e seus familiares, e os encorage na vivência do amor.

Abençoai os que se dedicam aos enfermos e que Deus conceda paz, esperança e saúde para todos. Amém.

Pai-nosso, Ave-Maria e Glória.
São Camilo, rogai por nós!

PARA REFLEXÃO EM GRUPO

1. Os doentes são lembrados no seu dia na nossa comunidade?
2. Como São Camilo de Lellis nos inspira em nosso serviço com os doentes?

14

CÂNCER: UM DESAFIO PARA A PASTORAL

"Divina é a tarefa de aliviar a dor."
(Hipócrates)

1. Algumas informações

A palavra câncer é o termo popular que procura definir um conjunto de neoplasias malignas, isto é, doenças caracterizadas por um crescimento desordenado de células jovens, sem controle de mecanismo regulador do crescimento celular.

São mais de 200 formas diferentes de doenças neoplásicas englobadas na palavra câncer. Qualquer tipo de tecido do organismo humano pode ser de origem ou local de neoplasia.

As neoplasias evoluem de formas muito diferentes. Muitas crescem somente no local de origem, outras se espalham pelo organismo, implantando-se em outros órgãos, e estas ramificações são denominadas metástases.

O conceito popular, tradicional a respeito do câncer, é este: *Câncer é uma doença que causa muito sofrimento e causa morte certa em pouco tempo.* Aliás, em determinadas realidades nem se ousa falar em câncer, e sim se refere como "aquela doença". Em época de avanço da AIDS já ouvi gente dizer "Padre, não tenho AIDS, graças a Deus, tenho câncer". Neste contexto fala-se mais abertamente de câncer e menos de AIDS, as pessoas assumem mais naturalmente o câncer do que a AIDS pelo fato de a AIDS trazer implicações morais.

2. Geografia do câncer

Nos países desenvolvidos, as principais causas de morte são as doenças do coração e cânceres. Nos países do terceiro mundo, os cânceres ocupam a quinta ou sexta posição entre as dez primeiras causas da morte. Na América Latina, Costa Rica, Chile e Argentina, o câncer já se situa em segundo lugar entre as causas de morte.

As localizações mais frequentes do câncer nos homens situam-se no pulmão, estômago, cólon e reto, cavidade oral, próstata e esôfago.

Entre as mulheres, temos mama, cerviz uterino, estômago, cólon e reto, pulmão, cavidade oral e esôfago. Há muitas interrogações a respeito dos fatores etiológicos de várias localizações anatômicas de câncer. Nos países desenvolvidos houve uma diminuição de mortalidade pelos tumores gástrico e cérvico-uterino que é atribuída à melhora das condições de vida. Isso faz com que se relacione a maior frequência desses dois tipos de cânceres com situações socioeconômicas precárias.

Os cânceres de mama e pulmão estão aumentando a frequência e mortalidade. Juntamente com aqueles de cólon estão associados ao desenvolvimento e à modificação de hábito e comportamentos. Sabe-se que o hábito de fumar está relacionado com o surgimento do câncer de pulmão e vários outros, como de boca, pâncreas e bexiga.

3. Prevenção do câncer

Qualquer câncer pode ser controlado, desde que detectado bem cedo nas suas fases iniciais. Mas é muito comum infelizmente em nossa realidade brasileira de as pessoas só procurarem o médico tarde demais, quando qualquer intervenção de cura se tornou impossível.

Os especialistas na área de câncer, oncologistas, afirmam que todos os tipos de câncer, em todos os estados que se apresentam, 60% são curados atualmente. Os 40% não curados podem, em condições de atendimento especializado, ser controlados. Os profissionais da saúde deveriam esclarecer a população sobre as formas de detecção precoce, diagnóstico precoce e tratamento adequado.

A divulgação de informações a respeito do câncer pelos meios de comunicação, o diálogo franco entre o médico--paciente-família fazem com que o atendimento do doente seja como o de qualquer outro tipo de doença, e não seja cercado de "segredos misteriosos" que em boa-fé visam ajudar o doente, mas na verdade o isolam.

Na suspeita de estar doente e perante o medo de ter câncer, não adiar a procura do médico. Ir logo no início, a probabilidade de cura é muito maior. Muitas pessoas morrem de câncer porque não tiveram acesso a exames para diagnosticar precocemente a doença. Por exemplo, só no Estado de São Paulo, morrem anualmente 1.400 mulheres de câncer de colo de útero. Se as mulheres fizessem anualmente o papanicolau (exame citológico, que consiste em coleta da secreção vaginal e análise laboratorial das células para detecção de câncer), não morreriam. É um exame simples e que pode ser feito nos postos de saúde.

No caso de câncer de mama, recomendam-se mamografias e os autoexames (as próprias mulheres apalpam os seios à procura de nódulos). Certos tipos de câncer são encontrados em determinadas faixas etárias. Um jovem de 26 anos não precisa fazer exames para procurar câncer de próstata, porque a doença incide sobretudo depois dos 50 anos.

4. Novidades no tratamento do câncer

O que existe de novo hoje para combater o câncer é a abordagem multidisciplinar (profissionais das diversas especialidades dialogam, procuram um consenso de como cada um pode ajudar), que associa quimioterapia, radioterapia e cirurgias. É interessante notar a evolução das terapias neste campo. No início do século, os médicos acreditavam que a cura do câncer estava ligada a uma boa *cirurgia*. Faziam-se grandes cirurgias. Nos anos 30 a *radioterapia* foi introduzida e a partir daí se passou a fazer quase só radioterapia. Nos anos 60, a *quimioterapia* ganhou sua vez e está cedendo lugar nos anos 80 (países do primeiro mundo) à *imunoterapia*. Pesquisas mais recentes na área de genética estão à caça dos genes responsáveis pelo câncer, os oncogenes.

5. Pastoral: sensibilidade humana e amor pela verdade

Mais do que morrer de câncer, *inicia-se uma nova mentalidade: Conviver com o câncer. O medo tem de ser substituído pelo conhecimento.* Infelizmente no Brasil o câncer é ainda sinônimo de morte.

Pastoralmente falando, a abordagem junto ao doente de câncer tem a marca de uma presença sensível. Perceber que o doente se defronta com uma série de perdas: saúde, emprego, imagem corporal alterada, perda de amigos que por vezes se afastam por não saber o que dizer e talvez a perda dos próprios entes queridos e da própria vida. O agente de pastoral tem de ser um facilitador no sentido de ajudar o doente a elaborar a dor dessas perdas, que são sentimentos normais em reação à perda, uma experiência universal. Além disso, respeitar as fases pelas quais passa: revolta, depressão, apatia são muito comuns.

Um outro aspecto muito delicado, mas importante, é a questão da verdade. Nunca devemos subestimar a capacidade do doente de saber o que realmente se passa consigo. Há tantas informações em jornais, rádio, revistas, TV, além disso o doente necessita receber tratamento especializado e é normalmente encaminhado a um especialista, o oncologista, que por sua vez encaminha a uma instituição especializada. É praticamente impossível querer se enganar. A "mentira tem perna curta", diz o povo em sua sabedoria. A verdade faz bem. É necessário ter muito tato e sensibilidade em como trabalhar isso. A comunicação sincera leva o doente a saber o que acontece, a assumir o tratamento e a enfrentar a doença com serenidade. Neste contexto é preciso superar uma mentalidade que aprioristicamente vê a verdade como nociva e o paternalismo que sempre decide pelo doente (considerado como menor de idade) e que nunca pergunta o que ele deseja saber. Ele tem direito de saber a verdade.

PARA REFLEXÃO EM GRUPO

1. Por que o câncer assusta tanto?
2. Quais são os caminhos da prevenção?
3. Como não mentir e trabalhar com a verdade dos fatos?

15

SAÚDE MENTAL

"A saúde é uma experiência humana, melhor dizendo 'biográfica'.
Está em estreita relação com a vivência que a pessoa tem de sua própria corporeidade,
de seu lugar no mundo, e os valores que constroem sua existência.
Em síntese, poderíamos dizer que saúde é 'harmonia entre corpo e espírito,
harmonia entre pessoa e ambiente,
harmonia entre personalidade e responsabilidade'."
(CELAM – Guia da Pastoral da Saúde para a
América Latina e o Caribe)

O contexto maior em que a vida acontece (afirmação ou negação) tem um papel decisivo no processo saúde-doença mental.

O que entender por saúde e doença mental? Se definir saúde já não é fácil, definir saúde mental ou doença mental é muito mais complicado, na medida em que estão envolvidos conceitos de normalidade psicológica, se está submetendo a julgamento de valores determinados por normas, regras e padrões de comportamento de uma determinada sociedade, num preciso espaço de tempo.

A saúde mental como um estado positivo de se viver, entendida como "saúde integral", remete diretamente às condições básicas e globais do existir, que vão muito além do simples estabelecimento de programas de assistência médica ambulatorial ou institucional. Têm um papel decisivo neste contexto as condições sociais de vida, como moradia, trabalho, salário, educação, liberdade, lazer, terra, acesso aos serviços de saúde, entre tantos outros fatores. Os problemas de saúde estão intimamente ligados aos problemas de cidadania e aos direitos humanos.

1. Uma sociedade doente que gera doentes

A saúde da comunidade é influenciada por toda sorte de fatores econômicos, sociais, políticos e ideológicos que vão muito além da contribuição que a Psiquiatria ou as Ciências da saúde podem oferecer, por mais valiosas que sejam. A saúde está inter-relacionada com economia, educação, habitação, agricultura só para citar alguns elementos. Neste sentido *não é muito o que se pode fazer em termos de saúde mental à população, sem levar a sério uma melhoria da qualidade de vida.*

A saúde mental do brasileiro está profundamente abalada. Isso deve-se não pela dificuldade ou falta de acesso aos tratamentos psiquiátricos (quando existem), mas sobretudo pelo clima geral de desesperança que nos abate, falta de perspectiva num futuro melhor, que gera medo, angústia, preocupações, depressão, revoltas pelas injustiças sociais. A corrupção em nível governamental; situações de dominação e exploração; violência gerando violência; descaso do governo para com a educação e saúde do povo, entre tantas outras situações de desamparo que atingem gestantes, crianças, adolescentes, jovens, adultos e idosos.

O tecido social doente gera mais distúrbios psíquicos que saúde mental.

É grande o número de pessoas em nossa sociedade que sofrem de problemas emocionais profundos, que geram sofrimentos terríveis, desencadeando sintomas físicos os mais diversos. Entre as inúmeras causas podemos pontualizar: a solidão que o ser humano sente principalmente nas grandes cidades alimentada pelo individualismo do "cada um para si e Deus para todos". As injustiças que negam os direitos básicos que garantem uma vida digna. A dura luta pela sobrevivência, com longas horas de trabalho em locais insalubres sem a mínima proteção e tendo como pagamento um salário de fome. A competição desenfreada na sociedade de consumo, que causa o estresse, não deixa de ser também outro problema inquietante entre tantos outros.

Consequência de tudo isso não é de se admirar da elevada incidência de pessoas com insônia, constantemente tensas e nervosas. O povo fala muito que sofre da "doença dos nervos"; registra-se aumento das tentativas de suicídio e do uso de drogas e de álcool. Aumentam os sintomas que provocam distúrbios de natureza psicossomática: asma, úlceras, urticárias, dores de cabeça, cansaço excessivo, perda de autoconfiança e da capacidade de iniciativa e muitos outros sintomas existenciais. Isso tudo acaba gerando uma visão e um sentir doente da vida.

2. A vida não é uma doença

Embora nos defrontemos com um contexto profundamente hostil à vida, não podemos ser pessimistas, realistas sim, mas com esperança, e lutadores pela "cultura da vida". Além disso é necessário superar a mentalidade ideológica de que toda pessoa sã, que tem saúde, não é senão um enfermo mal diagnosticado. Nesta visão, tudo na vida é um problema psiquiátrico, passível de tratamento médico. Resultado desta mentalidade hoje é que todas as dificuldades e problemas existenciais são consideradas doenças psiquiátricas a ponto de se chegar "ao absurdo de afirmar ser a própria vida uma enfermidade que se inicia com a concepção e termina com a morte, necessitando em cada etapa da douta assistência dos membros da profissão médica e de outros agentes da saúde, afirmação, sem dúvida, de uma profunda alienação, oriunda de uma fuga perante a existência. Essa postura dá guarida para um complexo industrial e terapêutico, pois se todos estão doentes e padecem de existir, eis uma fonte inesgotável de lucros" (cf. SZASZ, S. T., *Ideologia da doença mental: ensaios sobre a desumanização psiquiátrica do homem,* RJ, Zahar, 1977).

Inúmeros profissionais na área da saúde têm procurado desmistificar essa prática no sentido de conscientizar, numa linha preventiva, sobre a importância da detecção precoce dos distúrbios mentais, bem como alertar a respeito dos perigos dos rótulos psiquiátricos e dos prejuízos da medicalização psiquiátrica, sobretudo em pacientes jovens, já que estes formam hoje o maior contingente de internados em hospitais psiquiátricos.

O doente mental, ao ser rotulado de "louco", "doido", é encerrado num prognóstico que o coloca numa camisa-de-força difícil de se libertar. É necessário vencer em nossa sociedade *o estigma* em relação ao doente mental que fecha as perspectivas de uma vida decente e que lhe impõe toda sorte de discriminações, rejeições e marginalizações. Ele sem dúvida é um grande esquecido. Não raro isso começa na própria família do doente mental ao escondê-lo, privá-lo da convivência com os outros, pois existe uma espécie de "vergonha moral".

Concluindo essas observações introdutórias à questão, vemos que as perspectivas de solução para os problemas da saúde mental são de natureza ética, econômica, política, ideológica e de responsabilidade individual, comunitária e especialmente do Estado. Uma sociedade mais saudável é a garantia de mais vida e saúde mental.

PARA REFLEXÃO EM GRUPO

1. O que é ter saúde mental?
2. Discutir as seguintes afirmações: "uma sociedade doente gera doentes" e "a vida não é uma doença".
3. Há instituições de tratamento de doentes mentais em sua comunidade? De que preconceitos precisamos livrar-nos?

SAÚDE: CUIDAR DA TERRA, NOSSO LAR COMUM

"A natureza pode satisfazer todas as necessidades do homem, mas não sua ambição."
(M. Gandhi)

"Devemos somar forças para gerar uma sociedade sustentável global baseada no respeito pela natureza, nos direitos humanos universais, na justiça econômica e numa cultura de paz. Para chegar a este propósito, é imperativo que nós, os povos da Terra, declaremos nossas responsabilidades uns para com os outros, com a grande comunidade da vida, e com as futuras gerações."
(Preâmbulo da Carta da Terra – ONU)

Albert Einstein certa vez indagou: *Qual é a pergunta mais importante que você pode fazer em sua vida?* E ele respondeu: *o universo é um lugar amistoso ou não?* Podemos entender *"amistoso"* como estima, ternura, respeito que liga seres humanos, natureza e universo, enfim estamos falando em ecologia.

Ecologia como intuiu seu fundador, Ernst Heckel, é a preocupação com o habitat comum da humanidade. Vem do grego *oikos*, que significa *casa*. Da mesma forma como *economia*, gerenciar as carências da casa; e *ecumenismo*, fazer com que os que vivem nesta casa comum vivam dignamente e não guerreiem entre si. Assim, ecologia, economia e ecumenismo provêm da mesma raiz, *casa*, na qual todos devem caber.

Vivemos hoje um momento de intensa discussão a respeito da ecologia e defesa do meio ambiente. Os problemas ecológicos traduzem na prática a doença de uma civilização em seus aspectos éticos, econômicos, sociais e políticos. A Conferência da ONU sobre o *Meio Ambiente e Desenvolvimento*, realizada no Rio de Janeiro em 1992, é uma evidência dessa preocupação. A *Agenda 21*, um dos documentos mais importantes dessa Conferência, trata basicamente da temática dos direitos humanos, direito à vida digna num ambiente saudável, e busca viabilizar o chamado desenvolvimento sustentável, embasado na equidade e no respeito à natureza.

Pela sua intuição profética, compreensão simbólica, que sintonize com a sabedoria do cosmos e cante as estrelas como o salmista, escute a mensagem e decifre o elo último que tudo amarra, que é o espírito criador, vale a pena destacar alguns trechos do discurso do chefe de uma tribo indígena norte-americana (Seatle, 1854) ao presidente americano, quando o governo quis comprar parte de suas terras. Este pronunciamento, distribuído pelo Programa para o Meio Ambiente da ONU, é considerado um dos mais belos e profundos pronunciamentos já feitos sobre ecologia.

"Como é que se pode comprar ou vender o céu, o calor da terra? Essa ideia nos parece estranha. Se não possuímos o frescor do ar e o brilho da água, como é possível comprá-los?

Cada pedaço desta terra é sagrado para o meu povo (...). A seiva que percorre o corpo das árvores carrega consigo as lembranças do homem vermelho.

Os mortos do homem branco esquecem sua terra de origem quando vão caminhar nas estrelas. Nossos mortos jamais esquecem esta bela terra, pois ela é a mãe do homem vermelho.

Somos parte da terra e ela faz parte de nós. As flores perfumadas são nossas irmãs; o cervo, o cavalo, a grande águia são nossos irmãos. Os picos rochosos, os sulcos úmidos nas campinas, o calor do corpo do potro e o homem – todos pertencem à mesma família.

Esta terra é sagrada para nós. Essa água brilhante que escorre nos riachos e rios não é apenas água, mas o sangue de nossos antepassados. Se lhes vendermos a terra, vocês devem lembrar-se de que ela é sagrada, e devem ensinar às suas crianças que ela é sagrada e que cada reflexo nas águas límpidas dos lagos fala de acontecimentos e lembranças da vida do meu povo. Os rios são nossos irmãos, saciam nossa sede, carregam nossas canoas e alimentam nossas crianças.

Sabemos que o homem branco não compreende nossos costumes. Uma porção de terra, para ele, tem o mesmo significado que qualquer outra, pois é um forasteiro que vem à noite e extrai da terra aquilo de que necessita. Trata sua mãe, a terra, e seu irmão, o céu, como coisas que possam ser compradas, saqueadas, vendidas como carneiros ou enfeites coloridos. Seu apetite devora a terra, deixando somente um deserto.

Eu sou um homem vermelho e não compreendo. O ar é precioso para o homem vermelho, pois todas as coisas compartilham o mesmo sopro – o animal, a árvore, o homem...

Sou selvagem e não compreendo... Vi milhares de búfalos apodrecendo na planície, abandonados pelo homem branco que os alvejou de um trem ao passar. Eu sou selvagem e não compreendo como é que o fumegante cavalo de ferro pode ser mais importante que o búfalo, que sacrificamos somente para permanecer vivos. O que ocorre com os animais breve acontece com o homem. Há uma ligação em tudo.

Vocês devem ensinar às suas crianças que o solo a seus pés é a cinza de nossos avós. Para que respeitem a terra, digam a seus filhos que ela foi enriquecida com as vidas de nosso povo. Ensinem às suas crianças o que ensinamos às nossas, que a terra é nossa mãe. Tudo o que acontecer à terra acontecerá aos filhos da terra. Se os homens cospem no solo, estão cuspindo em si mesmos. O que ocorrer com a terra recairá sobre os filhos da terra. O homem não tramou o tecido da vida; ele é simplesmente um de seus fios. Tudo o que fizer ao tecido, fará a si mesmo.

Mesmo o homem branco, cujo Deus caminha e fala com ele de amigo para amigo, não pode estar isento do destino comum. Nosso Deus é o mesmo Deus. Ele é o Deus do homem e sua compaixão é igual para o homem vermelho e para o homem branco. A terra lhe é preciosa, e feri-la é desprezar seu criador."

Na esteira do discurso do chefe indígena somos instados a crescer nesta sabedoria que se revela numa ecoespiritualidade geradora de bem comum sociocósmico! Neste sentido podemos desejar *saúde à mãe terra, nossa casa e mãe comum*!

PARA REFLEXÃO EM GRUPO

1. O que saúde tem a ver com ecologia?
2. Como tratamos o lixo na comunidade?
3. Comentar o que é mais importante no discurso do chefe indígena.

ACREDITAR FAZ BEM PARA A SAÚDE

> "Se compreendes, não é Deus."
> (Santo Agostinho)

Publicações internacionais de grande circulação e credibilidade científica começam a dedicar especial atenção à relação entre *religião e saúde*, na busca de provas científicas de que a religião, a fé e a espiritualidade fazem bem e geram bem-estar. Comentamos a seguir um material especial da Revista *Newsweek*, de 17 de novembro de 2003, autoria de Claudia Kalb, que traz como matéria de capa o título: *Deus e saúde. A religião seria um bom remédio? Por que a ciência começa a crer?*

Pergunta-se, qual é a relação entre a fé e a cura? O debate cresce, envolve cientistas, crentes e não-crentes; nos EUA inúmeras faculdades de medicina alteram o currículo de formação de seus futuros profissionais para estudar a questão e ensinar os estudantes a como lidar com os pacientes em relação a essa questão (doença/saúde/fé/cura). Além disso, aumentou muito o número de pacientes que solicitam orações a seus médicos. Segundo pesquisa feita pela revista *Newsweek*, 72% dos norte-americanos são favoráveis a dialogar com seus médicos sobre fé e dizem crer que, rezando a Deus, pode-se curar alguém, mesmo quando a ciência afirma que determinada pessoa não tem a mínima chance de cura.

Deus, que havia sido banido da prática clínica já há algum tempo, passa a ser valorizado. Isso em grande parte acontece devido ao aumento da crença dos médicos de que o que ocorre na mente da pessoa pode ser tão importante para a saúde, como o que ocorre no nível celular. Fazem-se investimentos científicos para "descobrir a natureza de Deus" e a importância da espiritualidade. Cientistas sérios buscam caminhos éticos e meios efetivos de como combinar as crenças espirituais de seus pacientes e as próprias, com tratamentos de alta tecnologia. Como exemplo disso, temos o milionário Sir John Templeton, que investe 30 milhões de dólares anuais em projetos científicos para "explorar a natureza de Deus". O NIH (*National Institutes of Health*) americano tem um orçamento de 3,5 milhões de dólares para os próximos anos a serem aplicados na pesquisa em medicina da mente e do corpo (mind/body medicine).

Um dos atuais *best-sellers* na França é o livro *Guérir* (em francês) ou *The Instinct to Heal* (em inglês), de autoria do médico francês radicado nos EUA, Dr. David Servan-Schreiber, professor de psiquiatria no Centro Médico da Universidade de Pittsburgh. A obra é um estudo de tratamento de doenças crônicas, incluindo depressão, explorando a conexão mente e corpo. Ao ser perguntado porque escreveu o livro ele diz que *"descobriu que a maioria dos seus pacientes com problemas médicos apresentava também problemas psi-*

quiátricos. Isto aprofundou minha consciência da conexão mente-corpo". Estudos mostram que em torno de 50 a 70% de problemas de cuidados primários em saúde têm o estresse como o maior fator desencadeador. Medicação para pressão sanguínea e anti-inflamatórios, bem como antidepressivos, são simplesmente paliativos para problemas interiores, lembra o Dr. Servan-Schreiber. Continua dizendo que *"não é novidade o fato de que o amor é importante para a saúde. Mas não sabíamos até muito recentemente que a harmonia e as conexões emocionais são necessidades biológicas, que se situam praticamente no mesmo nível da alimentação, ar e controle de temperatura"*. Ao ser perguntado sobre o papel da espiritualidade e oração em relação à saúde, responde: *"A espiritualidade tem um papel essencial. Mas existe espiritualidade saudável e não saudável. Se a oração produz um estado de calma, amor e senso de pertença, isso tem uma correlação física positiva em relação à saúde. Mas se a espiritualidade é moralista, não é necessariamente saudável. Existem técnicas que foram desenvolvidas que são positivas. Por exemplo, Inácio de Loyola fala de concentrar-se em gratidão na oração. Expressar gratidão pelo mundo como ele é produz um estado físico e mental positivo. Não precisa necessariamente ser religioso, pode ser secular. No livro 'Man's Search for Meaning' (O Homem em busca de sentido), o autor Victor Frankl fala de uma mulher que está morrendo num campo de concentração. Ela pode ver folhas numa árvore através da pequena janela do seu quarto. Vendo vida, não necessariamente Deus, mas natureza, traz-lhe conforto"* (*Newsweek*, p. 46, entrevista concedida a Ginny Power em Paris).

Ao ser perguntado, o que dizer das pessoas que atribuem sua melhora no estado de saúde porque outros rezaram por elas, o Dr. Servan-Schreiber diz que *"não sei o que dizer, pois não posso explicar a partir de nosso sistema convencional de crenças"*. Esse médico pergunta como rotina de atendimento aos seus pacientes se a vida espiritual deles é um aspecto importante de sua saúde.

De um período de fechamento e até hostilidade da medicina científica em relação à temática, fé/espiritualidade e cura, presenciamos hoje uma grande abertura, profunda inquietação e espírito de busca. Claro que a medicina moderna exige provas científicas. Na última década pesquisadores realizaram muitos estudos tentando mensurar cientificamente os efeitos da fé e espiritualidade sobre a saúde humana. Perguntas cruciais são feitas e procuram-se respostas nada fáceis: A religião pode ajudar na regressão de um câncer? Diminuir a depressão? Ajudar na recuperação de uma cirurgia mais rapidamente? A fé em Deus pode afastar a morte que se avizinha? Até o momento, os resultados não são tão claros, pois os estudos inevitavelmente vão de encontro à dificuldade de usar métodos científicos para responder a questões de ordem fundamentalmente existenciais. Como medir o poder da oração?

Periódicos científicos de indisputável credibilidade científica, como a britânica *Lancet* e a norte-americana *New England Journal of Medicine*, entraram na discussão. Percebem-se dois lados antagônicos, os que negam tudo radicalmente e os que valorizam tudo em termos de fé. Alguns cientistas, como Prof. Richard Sloan, da Universidade de Columbia, num artigo para a revista *Lancet*, ataca os estudos sobre a fé e cura, acusando-os de metodologia fraca e pensamento *soft*. Ele não acredita que a religião tenha um lugar na medicina e que incentivar os pacientes para práticas espirituais pode mais causar danos que bem. No entanto, de forma respeitosa, o Prof. Sloan diz que os médicos devem sentir-se livres para encaminhar os pacientes para os capelães hospitalares, na perspectiva de que a conversação religiosa precisa continuar. Ninguém duvida que, em tempos de dificuldade, a religião traz conforto para um número grande de pessoas, diz Sloan. "*A questão é se a medicina pode acrescentar algo a isso, minha resposta é não*", diz ele. Outros, como o Dr. Harold Koening, pioneiro na pesquisa sobre fé e medicina, da Universidade de Duke, acreditam que existe uma crescente evidência que aponta para os efeitos positivos da religião sobre a saúde e que afastar a espiritualidade da clínica é uma irresponsabilidade.

O prestigioso Instituto Nacional de Saúde (NIH) dos EUA criou uma comissão específica para avaliar o estado das pesquisas em torno do tema: fé, espiritualidade e saúde, a fim de encontrar um sentido frente à excessiva produção de dados e trabalhos sobre essa questão. Muitas produções são irrelevantes, segundo Llynda H. Powell, uma pesquisadora na área de epidemiologia que revisou mais de 150 trabalhos. A Dra. Powell, porém, descobriu algo que a deixou estupefata. As pessoas que frequentam igreja têm 25% de redução em mortalidade, isso significa que elas vivem mais que as pessoas que não frequentam. "Isto é realmente poderoso", afirma.

Num esforço para compreender as diferenças em saúde entre crentes e não-crentes, cientistas começam a estudar os componentes individuais da experiência religiosa. Escaneando o cérebro, eles descobriram que a meditação pode mudar a atividade cerebral e fortalecer a resposta imunológica. Outros estudos mostraram que a meditação pode diminuir as batidas cardíacas e a pressão sanguínea, reduzindo consequentemente o estresse corporal.

De forma geral, os estudos sobre a oração não mostram resultados claros, e até mesmo pesquisadores que valorizam o componente religioso na vida das pessoas duvidam que se possa testar a oração, provando resultados. Os estudos levantam questões que ninguém pode responder: Uma oração extra pode significar uma diferença entre vida e morte? A oração pode ser dosada como se dosam os remédios? Rezar mais e fervorosamente significa um melhor tratamento por parte de Deus? Certamente, na mente de muitos, essas questões cheiram quase a sacrilégio.

Patrick Theillier, chefe da clínica médica em Lourdes, na França, encarregado de documentar relatos de peregrinos que dizem ter sido curados no santuário, diz: *"Como médico, não posso dizer que esta cura é milagrosa. Mas como católico praticante, posso reconhecer que ela é milagrosa"*. Kenneth Pargament, um professor de psicologia na Bowling Green State University de Ohio, estudou os métodos religiosos de lidar de quase 600 pacientes com doenças que iam desde uma gastroenterite até câncer. Aqueles que pensavam que Deus os estava punindo ou os abandonando eram em torno de 30% mais suscetíveis de morrer nos próximos dois anos. "Lutas espirituais são sinais vermelhos e precisam ser encaradas seriamente", diz Pargament. *"Não queremos transformar a profissão médica em clero e capelães, mas tratar estas lutas isoladamente dos problemas médicos dos pacientes é miopia."*

O Dr. Koening, diretor do Centro para o Estudo da Religião e Espiritualidade e Saúde, da Universidade de Duke, lidera o movimento para uma melhor compreensão da religião do paciente e crenças espirituais no âmbito da prática médica. Ele defende que os médicos devem valorizar as histórias espirituais de qualquer paciente com o qual irão estabelecer uma relação, perguntando: *"A religião é fonte de conforto ou estresse? Você tem alguma crença religiosa que influencia no processo de decisão relacionado com sua vida?"*

Temos no horizonte de busca da cura de doenças crônicas e da "saúde perfeita" sinais interessantes de valorização do componente fé e espiritualidade relacionado à saúde. Já lembramos que muitas faculdades de medicina nos EUA estão oferecendo cursos específicos sobre espiritualidade ou integrando o tema nos currículos. Esperamos que isso também passe a ocorrer nas escolas médicas brasileiras que estão introduzindo a discussão sobre bioética em seus currículos. Valoriza-se sempre mais o ser humano como um todo. As pessoas desejam ser tratadas com dignidade e como gente, e não simplesmente identificadas como doenças ou partes do corpo doente. Acredita-se que ambientes humanizados são fatores de saúde e cura. Os valores humanísticos, que até há pouco tempo simplesmente não eram considerados importantes, são retomados no cuidado em saúde.

Enfim, a discussão sobre a relação entre fé/espiritualidade/doença/cura/saúde não vai cessar tão cedo, acreditamos que apenas esteja se iniciando. A busca de entendimento científico prossegue, desde os laboratórios digitais sofisticados da neurobiologia, que buscam "explorar Deus", até o leito de muitos doentes crônicos que clamam por saúde e cura, invocando Deus sem exigir provas. Temos muitas perguntas, dúvidas, e os resultados encontrados por esse caminho são até certo ponto decepcionantes. Pergunta-se se esse é o caminho correto de se encontrar respostas à questão fundamental de Deus e sua intervenção no mundo da vida humana. É uma discussão que envolve cientistas, pessoas que se definem como pesquisadores céticos, agnósticos, ateus e crentes piedosos. Lembramos Santo Agostinho que dizia: *"Se compreendes, não é Deus"*. Claro que não podemos abdicar da compreensão racional da realidade que nos cerca, valorizando o conhecimento científico, e muito menos devemos renunciar de "dar razões à nossa esperança". Temos uma sabedoria plurimilenar que nos é legada pelas religiões no âmbito das diferentes culturas, enquanto o empreendimento científico é ainda bastante jovem, tem pouco mais de cinco séculos. Há muito ainda o que se descobrir. Nossa profunda convicção é que Deus não se deixa revelar como prisioneiro de circuitos digitais da inventividade científica, e muito menos no âmbito da razão humana orgulhosa de si. Se assim fosse estaríamos criando um deus à "nossa própria imagem e semelhança" antes que propriamente sermos imagem e semelhança de Deus. Na perspectiva da fé cristã temos a certeza de que Deus é amor, e onde existe amor aí está Deus, a vida se afirma e a saúde é uma realidade palpável. Mesmo na morte, existe vida! O investimento tem de ser feito no amor, desde o âmbito individual até o sociopolítico, que adquire nome de justiça, equidade e solidariedade no âmbito dos povos. O amor é importante para a saúde humana. A descoberta de Deus se faz nessa direção e não existe evidência maior de Deus do que o amor.

> PARA REFLEXÃO EM GRUPO
>
> 1. O que significa ter fé?
> 2. A fé é importante para a saúde? Por quê?
> 3. Como interpretar este pensamento de Santo Agostinho: "Se compreendes, não é Deus".

O DESAFIO DE CUIDAR DO SER HUMANO NA SUA TOTALIDADE

> "Como pude me descuidar das feridas da alma?
> É o terno engano dos cirurgiões, que apalpam tumores e não se dão conta de que existe um coração vibrando com ânsia, sonhos e sofrimentos."
> (Dr. Salomón A. Chaid, São Paulo-SP)

Vivemos hoje numa sociedade desumanizada e desumanizante. Quando falamos em humanização dos cuidados da saúde, principalmente das instituições e de seus profissionais e cuidadores, temos pela frente um grande desafio educacional. Na essência nunca deixarmos de ser fundamentalmente humanos, para além de nosso preparo técnico-científico. Para humanizarmos nossas relações e nos humanizar, urge aliarmos duas competências: a técnico científica e a humano-ética.

Neste sentido, o depoimento que apresentamos a seguir, redigido de próprio punho pelo médico cirurgião Salomón A. Chaid, que gentilmente nos permitiu sua divulgação, nos faz-nos refletir. O nome da doente foi trocado por razões de sigilo ético.

E agora doutor? *(na íntegra)*

"Perdão Doralice. Na verdade eu estava cego.

Preocupado com as doenças do corpo, esqueci de seu espírito ainda mais adoecido. Como pude me descuidar das feridas da alma? É o eterno engano dos cirurgiões, que apalpam tumores e não se dão conta de que existe um coração vibrando com ânsia, sonhos e sofrimentos.

Você tentou se suicidar ingerindo ácido muriático. Era o que você tinha em mãos em sua modesta cozinha onde sua mãe passa os dias. Questionei-me: Que problemas tão graves a levariam, aos 16 anos, desistir da vida? Que choques emocionais, conflitos sentimentais teriam ferido tão profundamente sua existência, tão frágil?

Por que você não respondia aos insistentes conselhos de sua mãe? Por quê? Gostaria de saber quando você não estivesse mais em perigo e livre das dores físicas. Seja qual for a razão, não cria que fosse tão grave. Chegando à idade adulta seria como é banal e sem importância o que parece grave e impossível de suportar na juventude.

No momento era necessário salvar a sua vida. Sua boca, e esôfago e certamente o estômago estavam queimados. Não passava sequer a saliva. Era necessário fazer outra boca no abdômen. Não tinha mais paladar e não experimentava sequer o sabor. Os alimentos chegariam diretamente ao estômago.

Sob os efeitos da anestesia você dormia serenamente. Lembro que por alguns instantes, com o bisturi na mão, parei contemplando seu corpo jovem, tão belo, e senti remorso porque teria de necessariamente desfigurar como vândalo suas formas perfeitas.

Luta árdua de seis horas. Quatro cirurgiões, dois litros de sangue, vários litros de soro. Quando tudo já estava terminado, você contraiu pneumonia. Tossia a cada instante. A sonda do nariz que leva alimentos saiu. Os pontos forçados causaram um abscesso. A infecção abriu a sutura. A comida não ia ao estômago, escapava pelo ventre. Longos dias de penoso tratamento, porém a fístula não se fechava. Uma nova cirurgia foi necessária. Três horas foram necessárias para corrigir os erros e passar novamente o tubo. Tínhamos uma grande aliada: sua juventude. Em pouco tempo você se restabeleceria totalmente e bem.

De repente uma nova dificuldade: a comunicação que se abria no estômago começou a se fechar, permitindo a passagem somente de um pouco de água e nada mais. Somente uma nova cirurgia poderia corrigir essa falha.

Pela terceira vez você desfilou pelos corredores adormecida na maca. Duas horas mais de cirurgia, anestesia, transfusão etc. Você já não parecia ser a mesma, quase uma caricatura do que você era: fraca, olhos fundos, rosto desfigurado destacando o nariz. E novamente você triunfou e se restabeleceu rapidamente.

Alegria passageira. O novo caminho começou a se estreitar pouco a pouco. Você precisava ser ajudada com a mão apertando com força o pouquinho de comida para fazê-la passar. No final você não conseguia ingerir líquidos. As radiografias mostravam um estreitamento progressivo, fechando-se cada vez mais. Eu tinha que lhe operar pela quarta vez. Agora tudo era mais difícil. Foram horas de trabalho penoso. Tecidos duros, irreconhecíveis, marcados por cicatrizes em todas as direções. Finda a cirurgia, a passagem da alimentação era ampla e fácil, felizmente tudo correu muito bem. Agora você digeria qualquer alimento sem dificuldade. Os alimentos deglutidos passavam rapidamente ao estômago, sem dificuldades. Você começou a ganhar peso e força, recuperando os 12 quilos perdidos.

Seis meses internada, quatro cirurgias, trinta radiografias, seis litros de sangue, muito mais sangue do que você tinha no corpo, dias e noites de cuidado e dedicação de médicos, enfermeiras, era um balanço sumário de seu tratamento. Apressei-me em lhe dar alta, feliz pelo resultado e por ver você regressar para a vida. As minúcias da técnica, as complicações, o funcionamento do novo esôfago absorviam toda a minha atenção.

Ao me despedir, pedi para que voltasse dentro de três meses para novas radiografias de controle. Você que tanto sofreu e raramente sorria me deu como prêmio um sorriso e um comovido agradecimento ao se despedir. O êxito deste caso me animava a apresentá-lo num próximo congresso médico como coroação final.

Mas você reservava para si própria uma última ação... Em sua breve existência e experiência de vida, você queria ensinar a homens experientes e peritos que é inútil restaurar o corpo, sem cuidar das feridas da alma. Dias depois de nos termos despedido, recebi um telefonema urgente do pronto-socorro. Rapidamente deixei tudo e rumei para lá. Uma realidade cruel e inesperada me aguardava! Você se suicidou bebendo inseticida!

Ao levantar o lençol branco que lhe cobria, admirei-me de vê-la tranquila e quase feliz! Não havia mais aquela tristeza infinita que eu atribuía ao sofrimento físico. Emo-

cionado, tomei suas mãos inertes entre as minhas, passei os meus dedos em seus cabelos úmidos, em seu rosto, como havia feito tantas vezes. Beijei-o respeitosamente e, com profunda tristeza, pedi perdão.

Perdão Doralice! Na verdade eu estava cego. Como hábil cirurgião, consegui restaurar medicamente o seu corpo doente, porém descuidei das feridas de sua alma!"

PARA REFLEXÃO EM GRUPO

1. Comentar sobre os sentimentos que esse relato-testemunho nos provoca e que lições podemos tirar?
2. Como lidamos em nossas comunidades com pessoas que tentam suicidar-se?
3. Num contexto de desumanização crescente dos cuidados de saúde, precisamos de que tipo de profissional da saúde (médico, enfermeiro, psicólogo, administrador)?
4. Refletir sobre a afirmação do Dr. Salomón A. Chaid: *"é inútil recuperar o corpo sem cuidar das feridas da alma"*.

"DOUTOR, SERÁ QUE EU ESCAPO DESSA?"

Autor: Rubem Alves

Doutor, agora que estamos sozinhos quero lhe fazer uma pergunta: "Será que eu escapo dessa?" Mas, por favor, não responda agora, porque sei o que o senhor vai dizer. O senhor vai desconversar e responder: "Estamos fazendo tudo o que é possível para que você viva". Mas nesse momento não estou interessada naquilo que o senhor e todos os médicos do mundo estão fazendo. Olhe, eu sou uma mulher inteligente. Sei a resposta para minha pergunta. Os sinais são claros. Sei que vou morrer.

O que eu desejo é que o senhor me ajude a morrer. Morrer é difícil. Não só por causa da morte mesma, mas porque todos, na melhor das intenções, cercam-na de mentiras. Sei que na escola de medicina os senhores aprendem a ajudar as pessoas a viver. Mas haverá professores que ensinam a arte de ajudar as pessoas a morrer? Ou isso não faz parte dos saberes de um médico? Meus parentes mais queridos se sentem perdidos. Quando quero falar sobre a morte eles logo dizem: "Tira essa ideia de morte da cabeça. Você estará boa logo..." Mentem. Então eu me calo. Quando saem do quarto, longe de mim, choram.

Sei que eles me amam. Querem me enganar para me poupar de sofrimento. Mas são fracos e não sabem o que falar... Fico então numa grande solidão. Não há ninguém com quem eu possa conversar honestamente. Fica tudo num faz-de-contas...

As visitas vêm, assentam-se, sorriem, comentam as coisas do cotidiano. Fazem de conta que estão fazendo uma visita normal. Eu me esforço por ser delicada. Sorrio. Acho estranho que uma pessoa que está morrendo tenha a obrigação social de ser delicada com as visitas. As coisas sobre o que falam não me interessam. Dão-me, ao contrário, um grande cansaço. Elas pensam que estou ali na cama. Não sabem que já estou longe. Sou "uma ausência que se demora, uma despedida pronta a cumprir-se..." Remo minha canoa no grande rio, rumo à terceira margem. Meu tempo é curto e não posso desperdiçá-lo ouvindo banalidades. Contaram-me de um teólogo místico que teve um tumor no cérebro. O médico lhe disse a verdade: "O senhor tem mais seis meses de vida..." Aí ele se virou para sua mulher e disse: "Chegou a hora das liturgias do morrer. Quero ficar só com você. Leremos juntos os poemas e ouviremos as músicas do morrer e do viver. A morte é o acorde final dessa sonata que é a vida. Toda sonata tem de terminar. Tudo o que é perfeito deseja morrer. Vida e morte se pertencem. E não quero que essa solidão bonita seja perturbada por pessoas que têm medo de olhar para a morte. Quero a companhia de uns poucos amigos que conversarão comigo sem dissimulações. Ou somente ficarão em silêncio".

Enquanto pude li os poetas. Nesses dias eles têm sido os meus companheiros. Seus poemas conversam comigo. Os religiosos não me ajudam. Eles nada sabem sobre poesia. O que eles sabem são doutrinas sobre o outro mundo. Mas o outro mundo não me interessa. Não vou gastar o meu tempo pensando nele. Se Deus existe, então não há porque me preocupar com o outro mundo, porque Deus é amor. Se Deus não existe, então não há porque me preocupar com o outro mundo, porque ele não existe e nada me faltará se eu mesmo faltar. Ah! Como seria bom se as pessoas que me amam lessem os poemas que amo. Então eu sentiria a presença de Deus. Ouvir música e ler poesia são, para mim, as supremas manifestações do divino.

A consciência da proximidade da morte me tornou lúcida. Meus sentimentos ficaram simples e claros. O que sinto é tristeza porque não quero morrer, e a vida é cheia de tantas coisas boas. Um amigo me contou que sua filha de dois anos o acordou pela manhã e lhe perguntou: "Papai, quando você morrer você vai sentir saudades?" Foi o jeito que ela teve de dizer: "Papai, quando você morrer eu vou sentir saudades..."

Na cama o dia todo fico a meditar: "Nas escolas ensinam-se tantas coisas inúteis que não servem para nada. Mas nada se ensina sobre o morrer". Me diga, doutor: "O que lhe ensinaram na escola de medicina sobre o morrer? Sei que lhe ensinaram muito sobre a morte como um fenômeno biológico. Mas o que lhe ensinaram sobre a morte como uma experiência humana? Para isso teria sido necessário que os médicos lessem os poetas. Os poetas foram lidos como parte do seu currículo? Nada lhe ensinaram sobre o morrer humano, porque ele não pode ser dito com a linguagem da ciência. A ciência só lida com generalidades. Mas a morte de uma pessoa é um evento único, nunca houve e nunca haverá outro igual. Minha morte será única no universo! Uma estrela vai se apagar.

Nesse ponto seus remédios são totalmente inúteis. O senhor os receita como desencargo de consciência, para consolar a minha família, ilusões para dizer que algo está sendo feito. O senhor está tentando dar. Não devia. Há um momento da vida em que é preciso perder a esperança. Abandonada a esperança, a luta cessa e vem então a paz.

E agora, doutor, depois de eu ter falado, me responda: "Será que eu saio dessa?" Então eu ficarei feliz se o senhor não me der aquela resposta boba, mas se assentar ao lado da minha cama e, olhando nos meus olhos, me disser: "Você está com medo de morrer. Eu também tenho medo de morrer..." Então poderemos conversar de igual para igual.

Mas há algo que os seus remédios podem fazer. Não quero morrer com dor. E a ciência tem recursos para isso. Muitos médicos se enchem de escrúpulos por medo que os sedativos matem. Preservam a sua consciência de qualquer culpa e deixam o moribundo sofrendo. Mas isso é fazer com que o final da sonata não seja um acorde de beleza, mas um acorde de gritos. A vida humana tem a ver com a possibilidade de alegria! Quando a possibilidade de alegria se vai, a vida humana se foi também. E esse é o meu último pedido: quero que minha sonata termine bonita e em paz. Morrendo...

PARA REFLEXÃO EM GRUPO

1. Por que temos tanta dificuldade em lidar com a verdade de determinados diagnósticos de doenças?
2. Os médicos da sua região, como lidam com essa questão da verdade: são humanos?
3. Partilhe alguma experiência de vida relacionada com essa questão.

20

VIVER QUANDO ALGUÉM QUERIDO PARTE

Uma das datas mais marcantes e significativas de nosso calendário, em nossa cultura, é a celebração do Dia de Finados. Trata-se de um momento em que fazemos uma pausa em nossas atividades corriqueiras e encontramos um momento para prestarmos uma homenagem àqueles que nos são queridos e que, embora tenham partido fisicamente de nosso convívio, são eternamente lembrados e celebrados em nosso coração.

Nessa perspectiva, flores que levamos à igreja, celebrações litúrgicas, orações e visitas ao cemitério são entre outros sinais e expressões concretas de uma certeza maior: gratidão a Deus pelo dom da vida daqueles que nos são queridos e partiram em busca da força da fé na caminhada da vida, que precisa continuar, não obstante a dor e o vazio da perda. Quando se tem amor, a vida sempre vence a morte!

No corre-corre do dia, esquecemos facilmente que somos finitos, mortais. Embora não gostando, são as pessoas mais queridas que quando partem nos lembram de nossa vulnerabilidade e finitude humanas, e que um dia lá na frente será também o nosso dia de dizer adeus à vida. A morte não é um problema para quem parte, mas para nós que ficamos. É nessa perspectiva, "pensando nos que ficam", que apresentamos dez dicas de como continuar a viver, não obstante a dor da perda, a vivência necessária do luto.

A morte de um ente querido, por vezes, é a principal ruptura que acontece na vida e requer um ajustamento, tanto no modo de olhar o mundo como nos planos para se viver nele. A reação a essa perda, em nível físico, emocional, social e espiritual, varia de pessoa para pessoa e depende das circunstâncias que rodeiam a morte: tipo de relacionamento que existe entre o falecido e o enlutado, a força que a pessoa tem e a qualidade de seus mecanismos de defesa.

Uma pessoa que tem autoestima, capacidade de se relacionar facilmente, uma fé em que se apoiar e disposição para tomar iniciativas, agirá melhor do que alguém que tende a se retrair ao invés de se envolver, tem medo de assumir riscos e enfrentar o sofrimento.

A dor do sofrimento é o preço que pagamos por amar. Na realidade, quando escolhemos alguém para amar, deveríamos saber que também corremos o risco de sofrer, pois chegará, inevitavelmente, a hora em que teremos de dizer adeus... e deixar partir. É quando o sofrimento começa.

Assim como se leva tempo para amar, também se leva tempo para deixar partir. Dizem que o tempo cura. O tempo por si mesmo não cura, é o que fazemos com o tempo que pode curar. Nessa perspectiva do que fazer com o tempo, apresentamos dez pistas.

1. Dar tempo ao tempo para aceitar a morte

Essa é uma condição necessária para continuarmos a jornada da vida. Não haverá melhora até que enfrentemos a morte face a face. Nossa fantasia reage como um anestésico "suavizador do sofrimento": esperamos que tudo tenha sido um pesadelo, do que nos livraremos ao amanhecer.

Quando a realidade da morte penetra gradualmente, perguntamos: É verdade? Aconteceu de fato?

Ter uma resposta não é importante, porque a resposta é racional e a dor é emocional. Importa, sim, compreender o que aconteceu.

O único meio de "entender" a morte é admiti-la. Ela nos coloca diante de nossa própria mortalidade e vulnerabilidade. Temos a experiência imediata de desproteção, abandono, solidão. Sim, nosso ente querido morreu! Mas isso não significa que também iremos morrer.

2. Dar tempo ao tempo para deixar partir

Uma das mais difíceis experiências humanas é a partida. No entanto, do nascimento à morte, a vida é uma série de partidas. Algumas temporárias, outras permanentes. A partida nos lembra que não temos controle total sobre a vida, e que precisamos aceitar o que não podemos controlar. Por vezes tentamos ser "Deus", porque ser gente é por demais doloroso.

A partida significa ajustar-se à nova realidade que o outro não está mais presente. A partida acontece quando formos capazes de substituir a presença física de quem se foi pela lembrança que nos deixou. Quando suportarmos e aceitarmos os sofrimentos que acompanham a morte: aflição, culpa, medo, tristeza, depressão...

3. Dar tempo ao tempo para tomar decisões

Pessoas que foram muito dependentes umas das outras na vida em comum sentem-se perdidas no mundo quando o outro falta. Têm medo de autodirigir-se, de errar, de perguntar, de experimentar... É importante que cada um de nós, nessa situação, seja paciente consigo mesmo e aprenda gradualmente a tomar decisões.

É prudente adiar decisões importantes. Mas não esperar demais: decidir sobre nossa vida ajuda-nos a ganhar algum controle sobre ela e aumenta nossa autoconfiança.

4. Dar tempo ao tempo para compartilhar

Talvez a maior necessidade de quem perdeu alguém seja ter com quem compartilhar sua dor, suas lembranças, sua tristeza.

As pessoas enlutadas precisam de tempo e espaço para "trabalhar" a dor. Quando sofremos, precisamos de alguém que olhe para trás. É o passado, e não o futuro, que permanece como fonte de conforto nos primeiros estágios da dor.

5. Dar tempo ao tempo para acreditar

Sobreviver é encontrar sentido no sofrimento. A dor que tem sentido é a que somos capazes de suportar. Às vezes o sofrimento abala nossa fé: gostaríamos de saber o que Deus está querendo ou se ele se esqueceu de nós.

O único caminho para sair do deserto é atravessá-lo, confiando que Deus estará conosco.

6. Dar tempo ao tempo para perdoar

O sentimento de culpa e a necessidade de perdão acompanham muitas de nossas experiências, especialmente as inacabadas. Quando relembramos nossa vida e o relacionamento com a pessoa que se foi, sempre descobrimos falhas. Precisamos aceitar nossas imperfeições e encontrar paz dentro de nós.

Do mesmo modo que nosso amor não era perfeito e incluía virtudes e defeitos, também o dele não era. Ele não se tornou santo porque morreu. É saudável recordá-lo como era. Precisamos perdoar a vida por nos ferir, e perdoar a morte por levar nosso ente querido.

7. Dar tempo ao tempo para se sentir bem consigo mesmo

Quem perdeu alguém muito próximo não está condenado à infelicidade. Nós não nascemos felizes ou infelizes. Aprendemos a ser felizes pelo modo como nos ajustamos aos desafios e às oportunidades que a vida nos oferece e pelo modo como sabemos aproveitá-las.

Precisamos ser pacientes com nós mesmos e dar-nos tempo para aprender e para resgatar a dignidade ferida.

8. Dar tempo ao tempo para criar novos amigos

No velório e na missa de sétimo dia havia muita gente! Após alguns meses, onde ficaram os amigos? Muitos se sentem abandonados e esquecidos. A solidão está presente no sofrimento da perda. Deve ser esse o modo como a natureza conserta nossos corações partidos.

Somos desafiados a conviver criativamente com a solidão, expandindo nossa autocompreensão e riquezas interiores.

Precisamos nos comunicar. No processo do sofrimento, a cura acontece quando conseguimos sair de nossos limites e envolver-nos com os outros.

9. Dar tempo ao tempo para rir

E por que não? Na vida existem tantas razões para rir como para chorar. No sofrimento, chegará a hora em que nossas lágrimas virão com menos frequência e intensidade. Aprendemos a recordar sem chorar. O riso, por outro lado, ajuda-nos a sobreviver.

Podemos sorrir de nossas lembranças, ações, projetos, sonhos e pensamentos. Existe muita comédia em nossas tragédias. Sem riso e humor, a vida tornar-se-ia uma triste jornada.

10. Dar tempo ao tempo para amar

A libertação do sofrimento acontece quando a pessoa se sente querida e necessária. Ser capaz de ajudar alguém dá sentido à nossa vida, faz-nos sentir bem e nos auxilia a compreender que nossa experiência pode ser colocada a serviço dos outros.

Ajudar os outros é a chave para que nos ajudemos a nós mesmos. No sofrimento, ninguém pode tirar nossa dor, como num passe de mágica, porque ninguém pode roubar nosso amor. A vida nos chama a aprender a amar de novo.

Oração para quando se perde alguém

Senhor, o sofrimento nos lembra
que a vida não é destinada a evitar a dor
e que amar é aceitar o risco de sofrer.
Ajudai-nos, *Senhor*, a crescer
em meio a este sofrimento de perda;
dai-nos paciência e tempo
para encontrar a serenidade.
Ensinai-nos, *Senhor*, a descobrir
vossa presença nos acontecimentos
que não conseguimos compreender.
Colocai-nos em contato
com as riquezas escondidas
em nosso íntimo
e guiai-nos suavemente para o amanhã,
transformando nosso pesar
em compaixão,
nossas feridas em nova esperança
para os outros.

Senhor, que consigamos fazer do tempo
um tesouro:
para aceitar a morte,
deixar partir,
tomar decisões,
compartilhar sentimentos,
acreditar novamente,
perdoar,
nos sentir bem com nós mesmos,
conhecer novos amigos,
sorrir e ajudar quem necessita.
Senhor, ninguém pode anestesiar nossa dor,
porque ninguém pode roubar nosso amor.
Ensinai-nos a descobrir
que o chamado da vida
é aprender a amar novamente. Amém!

PARA REFLEXÃO EM GRUPO

1. Comentar sobre as dez sugestões "do que fazer com o tempo" quando se perde alguém.
2. Discutir a seguinte afirmação: *"Quando sofremos, ninguém pode tirar a nossa dor, porque ninguém pode roubar o nosso amor. A vida nos chama a aprender a amar de novo"*.
3. Partilhe experiências de quando se perdeu alguém querido. O que atrapalhou? O que ajudou?

21

BIOÉTICA E DIGNIDADE HUMANA NOS LIMITES DA VIDA: UMA TRILOGIA

"A chave do bem morrer está no bem viver."

Elaboramos uma trilogia sobre bioética e dignidade humana nos limites da vida. Ela surge como fruto da busca do autor em aprofundar a questão da dignidade humana no final da vida que se iniciou nos primeiros anos da década de 1980, quando começamos nossa atuação profissional no mundo da saúde. Como capelão do Hospital das Clínicas da Faculdade de Medicina da Universidade de São Paulo, durante doze anos (1982-1993), vivenciamos situações-limite de vida e de morte pelas quais passaram doentes e profissionais da saúde. Justamente no Instituto do Coração da FMUSP, acompanhamos muito de perto, em abril de 1985, o desenrolar de toda a agonia e calvário de Tancredo Neves, o então presidente eleito do Brasil. Por sua repercussão social e política, esse caso, sem dúvida alguma, foi uma das razões que nos levaram a aprofundar eticamente a questão da "dignidade" do morrer. No exterior, trabalhamos como Counselor e capelão nos Estados Unidos, além de cursar pós-graduação em *Clinical Pastoral Education and Bioethics* (1982-1983/1985-1986), no St. Lukes's Medical Center (Milwaukee, WI). Essa experiência nos colocou perante toda a problemática da tecnologização do cuidado no final da vida. Constantemente se discutia, com os profissionais, familiares e à cabeceira do doente em estado crítico e terminal, procedimentos ético-médicos. O comitê de ética era o fórum em que se debatiam casos críticos que implicavam decisões em situações-limite de vida e morte.

Na obra, *Eutanásia: por que abreviar a vida*, retomamos, aprofundamos e atualizamos em parte a obra originalmente publicada sob o título *Eutanásia e América Latina: questões ético-teológicas* (Ed. Santuário) publicada em 1990, como fruto de nosso mestrado em ética teológica na Pontifícia Faculdade de Teologia Nossa Senhora da Assunção/Centro Universitário Assunção (São Paulo, SP). Num primeiro momento de nosso itinerário de reflexão, a partir de meados dos anos 1980 e início dos anos 1990, fomos em busca do *porquê abreviar a vida*: por que a eutanásia apresenta-se tão atrativa em situações dramáticas de dor/sofrimento. Quais são as razões? Que interesses estão em jogo? Que valores estão implicados? Num segundo momento, decorridos mais de dez anos, no início do novo milênio, concentramos nossa reflexão na busca de resposta a uma outra pergunta, não menos difícil e complexa, qual seja: *Por que prolongar indevidamente a vida?* Como fruto dessa trajetória, concluímos em 13 de setembro de 2001 nossa tese de doutorado, na mesma instituição onde defendemos o mestrado, com o seguinte título: *Viver com dignidade a própria morte: reexame da contribuição da ética teológica no atual debate sobre a distanásia*. Este trabalho foi publicado em livro, com o seguinte título: *Distanásia: até quando prolongar a vida*? (Loyola/Centro Universitário São Camilo, 2001). Registre-se que essa obra foi traduzida para o espanhol no México por Ediciones Dabar, em 2004, e em Croata, na Croácia, pela Faculdade de Medicina da Universidade de Rijeka, neste mesmo ano, pelo Prof. Dr. Ivan Segota, presidente da Sociedade Croata de Bioética.

Nossa jornada reflexiva de abordagem dos desafios éticos de final de vida buscou aprofundar uma perspectiva de entendimento e reflexão a partir de duas angustiantes perguntas, que em seu bojo sempre trazem situações dramáticas de vida: *Por que abreviar a vida? Por que prolongar indevidamente um processo penoso de dor, sofrimento e morte?* Como perspectiva de resposta reflexiva e de compromisso solidário, organizamos juntamente com Luciana Bertachini a obra *Humanização e cuidados paliativos*, publicada por Edições Loyola/Centro Universitário São Camilo em março de 2004. Trata-se de uma obra pioneira no país, a primeira a abordar a questão dos cuidados paliativos, de caráter multidisciplinar, com a colaboração de 22 especialistas brasileiros e internacionais, de várias áreas do conhecimento, entre outras: medicina, enfermagem, psicologia, psiquiatria, psicanálise, teologia e filosofia.

Completamos assim um ciclo de reflexão, abordando os desafios éticos de final de vida, numa trilogia de obras: 1) *Eutanásia: por que abreviar a vida?* (publicada em 1990, retrabalhada e atualizada em 2004); 2) *Distanásia: até quando prolongar a vida?* (publicada em 2001); e 3) *Humanização e cuidados paliativos* (publicada em 2004).

Esse itinerário marca uma trajetória pessoal de vinte anos, marcada por dois momentos bem distintos, mas necessariamente complementares. Num primeiro momento a vivência e experiência em termos de cuidado e a seguir a busca de entendimento e aprofundamento reflexivo ético/bioético no âmbito acadêmico científico. A dimensão do cuidado ocorreu profissionalmente na primeira década (1980-1990) e foi uma profunda imersão no mundo da dor, do sofrimento e da morte humanos, como capelão e professor de ética no Hospital das Clínicas da Faculdade de Medicina da Universidade de São Paulo (FMUSP) e no Centro Universitário São Camilo. A dimensão da reflexão ética/bioética acadêmica ocorreu (e continua) a partir da última década do século XX. Nossa profunda convicção ética: não abreviar a vida, muito menos prolongá-la inutilmente, mas cuidar com arte, ternura e ciência da dor e do sofrimento humano, até o limite de nossas possibilidades, sempre respeitando a pessoa vulnerabilizada pela doença crônica e na iminência de se despedir da vida. É claro que essas reflexões revelam a causa pessoal e profissional, que se torna transparente no itinerário impresso dessas obras.

É necessário cultivar a sabedoria de integrar a morte na vida, como natural dessa mesma vida. A morte não é uma doença e não deve ser tratada como tal. A medicina tecnológica corre o risco de ser sempre menos uma ciência humanista para se tornar uma obsessão tecnicista de tratar assuntos eminentemente éticos como sendo técnicos.

Sim, aceitar a contingência, mas rechaçar aquelas mortes, fruto da injustiça e do empobrecimento, que ceifam impiedosa e silenciosamente a vida aos milhares, reduzindo não somente a vida a uma "morte infeliz", mas antes disso a uma sobrevivência sofrida materializada em corpos esqueléticos desfigurados, verdadeiros mortos-vivos.

Convivemos com centros de saúde que dispõem da tecnologia mais desenvolvida do mundo, com maravilhosas cirurgias de transplantes e ao mesmo tempo com a morte "evitável" de milhares de crianças, causada por fome, sarampo, tuberculose, malária, desidratação, diarreia e outras doenças já erradicadas no mundo desenvolvido. Os mais candentes problemas éticos no mundo da saúde latino-americano não se ligam prioritariamente à tecnologia, mas à justiça social no nível de acesso e distribuição equitativa dos recursos básicos que garantam uma vida digna.

Que haja doentes por causa da limitação da natureza humana é inevitável e compreensível, e devemos nesse sentido utilizar todos os recursos técnicos e humanos para tratá-los dignamente. Não podemos, porém, ficar indiferentes e passivos ante os adoecidos por causa da pobreza que marginaliza e condena o latino-americano "à morte antes do tempo". É a mistanásia, morte miserável, infeliz, fora e antes da hora. Trata-se de um grito não somente pela dignidade de morrer, uma vez que morrer tão precocemente é uma indignidade, mas também pela dignidade de viver plenamente. A morte infeliz evoca o viver infeliz, o viver sofrido. Falar disso é falar da vida abreviada. Não seria uma hipocrisia gritar somente pela dignidade no adeus, se a vida toda, teimosamente levada adiante numa sobrevivência sofrida, foi uma indignidade?

**Uma convicção final:
"A chave do bem morrer está no bem viver!"**

Permanece como um grande desafio o cultivo da sabedoria de abraçar e integrar a dimensão da finitude e da mortalidade na vida, bem como implementar cuidados holísticos (físico, social, psíquico e espiritual) no adeus final. É necessário cultivar uma profunda indignação ética em relação a tudo o que diminui, corta e mata a vida num contexto social excludente (mistanásia), e se comprometer solidariamente. Entre dois limites opostos: de um lado a convicção profunda de não abreviar intencionalmente a vida (eutanásia), de outro a visão de não implementar um tratamento fútil e inútil, prolongando o sofrimento e adiando a morte inevitável (distanásia) – entre o não abreviar e o não prolongar está o amarás... (conceito de ortotanásia). É um desafio grande aprender a amar o paciente terminal sem exigir retorno, com a gratuidade com que se ama um bebê, num contexto social em que tudo é medido pelo mérito! O sofrimento humano somente é intolerável quando ninguém cuida, diz Cicely Saunders. Como fomos cuidados para nascer precisamos também ser cuidados no adeus final da vida. Cuidar fundamentalmente é procurar viver a solidariedade que coloca o "coração na mão", une competência técnico-científica e ternura humana pelos que hoje passam pelo "vale das sombras da morte", sem esquecer que "a chave para se morrer bem está no bem viver!"

PARA REFLEXÃO EM GRUPO

1. O que entender por eutanásia, distanásia, ortotanásia e mistanásia?
2. O que são cuidados paliativos?
3. Comentar a frase: "A chave do bem morrer está no bem viver!"

"SAUDADE É O AMOR QUE FICA..."

Partilho com você, caro leitor, um testemunho escrito que chegou em minhas mãos do médico oncologista, Dr. Rogério Brandão, que relata sua experiência de vida ao cuidar de uma criança que tinha câncer. Sem dúvida, um relato tocante pela sensibilidade, sabedoria e ternura humana. "Saudade é o amor que fica", diz a criança. Esta é, sem dúvida alguma, a mais bela definição de saudade que já conheci em minha vida. Eis o relato.

"Como médico cancerologista, já calejado com longos 29 anos de atuação profissional (....) posso afirmar que cresci e modifiquei-me com os dramas vivenciados pelos meus pacientes. Não conhecemos nossa verdadeira dimensão até que, pegos pela adversidade, descobrimos que somos capazes de ir muito mais além. Recordo-me com emoção do Hospital do Câncer de Pernambuco, onde dei meus primeiros passos como profissional.

Comecei a frequentar a enfermaria infantil e apaixonei-me pela oncopediatria. Vivenciei os dramas dos meus pacientes, crianças vítimas inocentes do câncer. Com o nascimento da minha primeira filha, comecei a me acovardar ao ver o sofrimento das crianças. Até o dia em que um anjo passou por mim!

Meu anjo veio na forma de uma criança já com 11 anos, calejada por dois longos anos de tratamentos diversos, manipulações, injeções e todos os desconfortos trazidos pelos programas de quimioterapias e radioterapias. Mas nunca vi o pequeno anjo fraquejar. Muitas vezes o vi chorar, também vi medo em seus olhinhos; porém, isso é humano!

Um dia, cheguei ao hospital cedinho e encontrei meu anjo sozinho no quarto. Perguntei pela mãe. A resposta que recebi, ainda hoje, não consigo contar sem vivenciar profunda emoção.

– Tio, disse-me, às vezes minha mãe sai do quarto para chorar escondido nos corredores. Quando eu morrer, acho que ela vai ficar com muita saudade. Mas eu não tenho medo de morrer, tio. Eu não nasci para esta vida!

Indaguei: – E o que a morte representa para você, minha querida?

– Olha, tio, quando a gente é pequena, às vezes, vamos dormir na cama do nosso pai e, no outro dia, acordamos em nossa própria cama, não é?

(Lembrei das minhas filhas, na época crianças de seis e dois anos; com elas, eu procedia exatamente assim.)

– É isso mesmo.

– Um dia eu vou dormir e o meu Pai vem me buscar. Vou acordar na casa Dele, na minha vida verdadeira!

Fiquei sem saber o que dizer. Chocado com a maturidade com que o sofrimento acelerou, a visão e a espiritualidade daquela criança.

– E minha mãe vai ficar com saudades, emendou ela.

Emocionado, contendo uma lágrima e um soluço, perguntei: – E o que saudade significa para você, minha querida?

– Saudade é o amor que fica!

Hoje, aos 53 anos de idade, desafio qualquer um a dar uma definição melhor, mais direta e simples para a palavra saudade: é o amor que fica!

Meu anjinho já se foi, há longos anos. Mas deixou-me uma grande lição que ajudou a melhorar a minha vida, a tentar ser mais humano e carinhoso com meus doentes, a repensar meus valores. Quando a noite chega, se o céu está limpo e vejo uma estrela, chamo pelo 'meu anjo', que brilha e resplandece no céu. Imagino ser ela uma fulgurante estrela em sua nova e eterna casa. Obrigado, anjinho, pela vida bonita que teve, pelas lições que me ensinou, pela ajuda que me deu. Que bom que existe saudade! O amor que ficou é eterno."

23

O TEMPO DA VIDA: VIVÊ-LO COMO CRONOS OU KAIRÓS?

"Para tudo há um tempo debaixo dos céus: tempo para nascer e tempo para morrer; tempo para chorar e tempo para rir; tempo para calar e tempo para falar..."
(Ecl 3,1-5)

"O tempo pode ser medido com as batidas de um relógio ou pode ser medido com as batidas do coração."
(Rubem Alves)

Ouvimos no dia-a-dia à exaustão expressões como estas: "não tenho tempo", "não dá tempo", "o tempo não passa", "perdi o tempo da minha vida"... Com saudades de algo no passado, ouvimos "ah, no meu tempo... era diferente e muito melhor". Enfim o senhor tempo... Essas expressões me levam a propor algumas reflexões em termos de como trabalhamos com a dimensão da temporalidade da vida humana e com o tempo no dia-a-dia.

Existem fundamentalmente duas formas de vivermos o tempo na vida: como *cronos* ou *kairós*. Ao tentar refletir sobre essa realidade, corro o risco de ser tachado de "romântico ou idealista incorrigível" num contexto em que as forças do mercado globalizado repetem de forma insistente e dogmática, de forma subliminar de que "tempo é dinheiro" (*Time is money*). Consequentemente estamos sempre sem tempo, estressados e correndo sem saber aonde chegar! Mas vamos em frente! *Cronos* é o "*tempo das batidas do relógio*", a marca implacável da finitude e temporalidade humana no processo de envelhecimento de nosso corpo. Trata-se do tempo de quem está tenso no hospital esperando por ter alta ou com angústia esperando por um resultado positivo de um determinado diagnóstico, ou o tempo urgente para salvar a vida de alguém numa parada cardiorrespiratória na emergência, entre tantas outras situações. Nessa dimensão de tempo, lutamos contra, facilmente nos sentimos vítimas dele, pois em geral chegamos sempre atrasados e o tratamos como se fosse um inimigo.

Facilmente esquecemos que a temporalidade é constitutiva da existência humana. Caso o acumular anos fosse somente uma série de momento isolados, então poderíamos escolher aqueles que nos seriam mais significativos. Precisamos questionar a ideologia dos que elegem somente uma parte de suas vidas como significativa. Por exemplo, hoje se afirma que todo o sentido da vida se encontra na busca da eterna juventude. Nessa perspectiva passamos a gostar somente do tempo da juventude, a desconfiar do tempo de adultos e a simplesmente detestar e rejeitar o tempo que marca o outono de nossa vida, ou seja, da velhice. Expressões como: "Estou com oitenta anos, mas tenho espírito jovem", não denunciam um pouco essa mentalidade de não assumir plenamente a sabedoria da vida na maturidade dos anos?

Mesmo sendo igual para todos – um minuto é sempre um minuto –, este é percebido subjetivamente de forma diferente para cada pessoa. Comentamos com frequência que o tempo demora demais em passar ou que passa rápido demais. Uma mensagem interessante em relação a essa percepção do tempo diz o seguinte:

"Para perceber o valor de um ano, pergunte ao estudante que repetiu o ano.

Para perceber o valor de um mês, pergunte para a mãe que teve o bebê prematuramente.

Para perceber o valor de uma semana, pergunte ao editor de uma revista semanal.

Para perceber o valor de uma hora, pergunte aos namorados que estão esperando para se encontrar.

Para perceber o valor de um minuto, pergunte para a pessoa que perdeu o avião.

Para perceber o valor de um segundo, pergunte a uma pessoa que conseguiu evitar um acidente.

Para perceber o valor de um milésimo de segundo, pergunte ao piloto que ganhou uma prova de Fórmula 1".

Qual o segredo dessa valorização do tempo, se as batidas do relógio, em termos de hora, minuto ou segundo ou milésimo de segundo, são rigorosamente iguais para quem o percebe passando rápido ou demorando demais?

Claro que somos filhos do tempo, vivemos no *Cronos*, mas não somos simplesmente vítimas do processo de envelhecimento. Podemos fazer diferença cultivando uma atitude positiva que depende exclusivamente de nós. É preciso fazer acontecer a dimensão do *kairós*. O tempo, como *kairós*, isto é, como experiência da graça maior, que plenifica a vida e lhe dá sentido. É o tempo que abraça a vida "como um caso de amor", de uma experiência profunda de paz, de reencontro e de reconciliação, consigo mesmo, com os outros e com o grande outro, Deus. É o tempo medido *"com as batidas do coração"*, como diz Rubem Alves.

Aqui, mais do que lamúrias por não ter vivido ou por falta de tempo, vamos encontrar pessoas com histórias fantásticas de sentido de tempo. A dimensão do *cronos* é significada pelo *kairós*. "Nossa já se passaram três horas e nem percebi....". É o tempo do amor, do encontro que plenifica o viver. É a vivência da sabedoria de perder tempo com o que é essencial na vida. Como no livro do Pequeno Príncipe, quando a raposa diz ao príncipe: "Foi o tempo que perdeste com tua rosa que fez tua rosa tão importante". Uma verdade esquecida entre os humanos. É preciso lembrar que nos tornamos eternamente responsáveis por quem cativamos. Nessa dinâmica, bastam por vezes apenas cinco minutos de encontro com alguém, para que oitenta anos ou mais de *cronos* adquiram significado, luz e sentido. Na perspectiva do *kairós*, temos como tarefa amar a vida marcada pelo tempo, seja o ser ainda sem as marcas do tempo, como no caso um bebê em gestação, o tempo do adolescente rebelde, o tempo do jovem idealista, o tempo do adulto responsável, e por que não o tempo na velhice. É aceitar e acolher a vida aos 4 anos, aos 20, aos 40 ou aos 80 anos, ou mais de idade.

Estamos, portanto, diante de uma realidade em que temos de optar: Viver sob o signo do *cronos* ou de *kairós*? Se alguém ou algo é realmente importante, então consequentemente o tempo tem de ser a prioridade, seja no dia-a-dia de nossas vidas, seja na convivência familiar ou no âmbito profissional. O tempo do encontro torna-se terapêutico quando optamos por vivenciá-lo na dimensão do *kairós*. Então sejamos nós profissionais da saúde atuando na emergência, atendendo uma parada cardíaca ou na UTI, ou em consulta num ambulatório, orientando idosos, ou ao lado de quem esteja na fase final da vida, estaremos fazendo diferença, humanizando e sendo humanizados. Assim agindo nos tornaremos mestres do tempo, pois, mais do que acrescentar anos à vida, processo normal do *cronos*, estaremos acrescentando vida aos anos, o que significa assumir a dimensão kairótica, ou seja, de viver em estado de graça.

EUCARISTIA PARA OS ENFERMOS

"Quem come deste Pão viverá eternamente."
(Jo 6,51)

Quem é que não precisa de alimentação para continuar a viver saudavelmente? Todos nós precisamos. A fome está entre uma das principais causas de morte. Deus não quer a morte, e sim a vida. Se precisamos do alimento material para que nosso corpo possa desenvolver-se e termos forças, precisamos também do alimento espiritual que nos fortalece frente à própria vida. O próprio Deus, em Jesus Cristo, é nosso alimento.

Diz Jesus: "Eu sou o pão vivo descido do céu. Quem comer deste pão viverá eternamente. O pão que eu darei é a minha carne para a vida do mundo" (Jo 6,51).

Na última ceia com os discípulos, Jesus tomou o pão e o deu aos seus discípulos, dizendo: "Tomai e comei todos vós: isto é o meu corpo, que é dado por vós". Depois tomando o cálice com o vinho, disse: "Tomai e bebei todos vós: este é o cálice do meu sangue, o sangue da nova e eterna aliança, que é derramado por vós e por todos os homens para o perdão dos pecados. Fazei isto para celebrar a minha memória".

Comungando, participamos da ceia do Senhor, recebendo o próprio Cristo. Para sermos dignos deste banquete que antecipa o banquete futuro do Reino, devemos estar preparados. Só quem tem fé, acredita, portanto, e não tem faltas graves, pode comungar. Caso a pessoa não esteja preparada, é preferível aguardar, visitando-a mais vezes, procurando aprofundar o sentido do sacramento da Reconciliação e da Eucaristia.

A preparação para a comunhão é fundamental. Reparar como está o ambiente. Se existir rádio, TV ou outra modalidade de som, pedir gentilmente para desligar ou ao menos abaixar o volume. Convidar as pessoas presentes a participar também, quer sejam companheiros de quarto, profissionais da saúde ou familiares.

Antes de receber a comunhão, ajudar o doente a estar preparado, com o coração limpo e a consciência em paz para receber Jesus. Se o doente necessitar de confissão e manifestar o desejo, comunicar ao sacerdote.

Ritual da Eucaristia

1. SAUDAÇÃO
Ministro: Em nome do Pai, do Filho e do Espírito Santo.
Doente: Amém.
Ministro: A graça e a paz de Deus, nosso Pai, e de Jesus Cristo, nosso Senhor, estejam convosco.
Doente: Bendito seja Deus que nos reuniu no amor de Cristo.

2. ATO PENITENCIAL
(Criar um momento de silêncio para uma breve revisão de vida, exortando o doente a ter confiança no amor e misericórdia de Deus.)

– Senhor, tende piedade de nós!
– Senhor, tende piedade de nós!
– Cristo, tende piedade de nós!
– Cristo, tende piedade de nós!
– Senhor, tende piedade de nós!
– Senhor, tende piedade de nós!
– Deus todo poderoso tenha compaixão de nós, perdoe os nossos pecados e nos conduza à vida eterna.
– Amém.

3. LEITURA DA PALAVRA DE DEUS

(Escolher e ler um dos textos sugeridos ou outros que achar oportuno e refletir com o doente e presentes por um instante.)

Trechos Bíblicos

1. Jo 6,54-55: "Quem come a minha carne e bebe o meu sangue possui a vida eterna, e eu o ressuscitarei no último dia; pois a minha carne é verdadeira comida e o meu sangue verdadeira bebida".

2. Jo 14,6: "Eu sou o caminho, a verdade e a vida; ninguém vai ao Pai senão por mim".

3. Jo 14,23: "Se alguém me ama, guarda a minha palavra, e meu Pai o amará, e viremos a ele e faremos nele nossa morada".

4. Jo 15,5: "Eu sou a videira, vós sois os ramos. Quem permanece em mim e eu nele, produz muitos frutos; porque, separados de mim, nada podeis fazer".

5. 1Jo 4,16: "Nós conhecemos o amor que Deus tem por nós e nós cremos nele. Deus é amor; aquele que permanece no amor permanece em Deus e Deus permanece nele".

4. ORAÇÃO DO PAI-NOSSO

Rezemos com amor e confiança a oração que o Senhor nos ensinou: Pai nosso...

5. COMUNHÃO

Ministro: Felizes os convidados para a ceia do Senhor. Eis o cordeiro de Deus que tira o pecado do mundo.

Doente: Senhor, eu não sou digno de que entreis em minha morada, mas dizei uma palavra e serei salvo.

Ministro: Corpo de Cristo.

Doente: Amém.

(Após alguns instantes de interiorização silenciosa, o ministro conclui com a seguinte oração:)

Fortificados por este alimento sagrado, nós vos damos graças, ó Deus, e imploramos a vossa clemência; fazei que perseverem na sinceridade do vosso amor aqueles que fortalecestes pela infusão do Espírito Santo. Por nosso Senhor Jesus Cristo, Vosso Filho, que convosco vive e reina por todos os séculos.

– *Amém.*

6. CONCLUSÃO

Deus Pai te dê a sua bênção.
– *Amém.*
Deus Filho te conceda a saúde.
– *Amém.*
O Espírito Santo te ilumine.
– *Amém.*
Guarde teu ser sob sua proteção.
– *Amém.*

CELEBRAR A ESPERANÇA
(Para situações de perda de entes queridos)

> "Eu sou a ressurreição e a vida.
> Aquele que crê em mim,
> mesmo se houver morrido, viverá."
> (Jo 11,23)

Saudação inicial

Dirigente: (Podem-se proferir algumas palavras espontaneamente, motivando para a celebração.)

Irmãos(ãs), estamos aqui juntos neste momento para dar o nosso adeus a nosso(a) querido(a) amigo(a) N...... Vamos juntos agradecer a Deus o dom da vida desta pessoa, todo o bem que tenha feito, e pedir a Deus que lhe dê um lugar especial junto de si, como ele(a) tem nos nossos corações.

Dirigente: Em nome do Pai, do Filho e do Espírito Santo.
Todos: Amém.
Dirigente: A graça e a paz de Deus, nosso Pai, e de Jesus Cristo, nosso Senhor, estejam convosco.
Todos: Bendito seja Deus que nos reuniu no amor de Cristo.

Dirigente: Senhor, que dissestes: "Bem-aventurados os que morrem no Senhor", nós vos suplicamos pelo(a) vosso(a) filho(a) N...... que chamastes deste mundo para a vida eterna.

Todos: Senhor, dai-lhe a paz eterna em vosso reino para que viva convosco na alegria eterna.

Dirigente: Ó Deus e Pai todo-poderoso, nós cremos que o vosso Filho morreu e ressuscitou por nós. Concedei ao nosso(a) irmão(ã) N......, adormecido em Cristo, que em Cristo também ressuscite para a alegria eterna.

– *Amém.*

Leitura de um texto bíblico (Jo 14,1-6)

Dirigente: "Naquele tempo, disse Jesus a seus discípulos: 'Que vosso coração não se perturbe. Vós credes em Deus, credes também em mim. Na casa do meu Pai são muitas as moradas; do contrário, eu vos teria dito. Porque eu vou para preparar o lugar. Quando eu tiver ido e vos tiver preparado o lugar voltarei para tomar-vos comigo, a fim de que lá onde eu estou vós estejais também. Onde eu vou, vós o sabeis, e vós sabeis o caminho'. Tomé lhe disse: 'Senhor, nós não sabemos aonde vais; como saberíamos o caminho?' Jesus lhe disse: 'Eu sou o caminho, a verdade e a vida; ninguém vai ao Pai senão por mim'".

Palavra da Salvação!
Todos: Glória a vós, Senhor!

(Em seguida o dirigente procura fazer uma reflexão a partir do texto bíblico e da mensagem que a própria pessoa falecida inspira.)

Preces dos Fiéis

1. Pelos vivos e pelos mortos, para que Deus todo-poderoso, que ressuscitou seu Filho Jesus Cristo, conceda a todos a salvação, rezemos ao Senhor!

– *Senhor, escutai a nossa prece!*

2. Pelo nosso irmão(ã) que recebeu no Batismo a semente da vida eterna e comungou o corpo de Cristo, para que ele ressuscite no último dia, rezemos ao Senhor!

– *Senhor, escutai a nossa prece!*

3. Por todos os familiares que sentem a falta de seus entes queridos que partiram deste vida, a fim de que o nosso apoio e solidariedade sejam fonte de consolo, rezemos ao Senhor!

– *Senhor, escutai a nossa prece!*

4. Por todos os conhecidos nossos que já nos precederam na casa do Pai, para que recebam a recompensa por todo o bem que realizaram, rezemos ao Senhor!

– *Senhor, escutai a nossa prece!*

5. Para que empenhemos as nossas vidas em valores perenes e que nos garantam um futuro em Deus, como a justiça, a fraternidade, o amor e a paz, rezemos ao Senhor!

– *Senhor, escutai a nossa prece!*

Ouvi, ó Pai, as preces de vossos filhos. Perdoai-lhes todas as faltas e dai-lhes participar de vossa redenção.

– *Amém.*

Oração Conclusiva

Dirigente: Senhor da vida, se a tristeza tomou conta do nosso ser pela partida desta pessoa tão querida, nós nos consolamos na esperança da ressurreição e vida nova de que um dia nos encontraremos em vossa casa. Ajudai-nos a viver dignamente os valores do Evangelho: justiça, solidariedade, fraternidade, paz e amor, enquanto estamos vivos.

– *Amém.*

Dirigente: Dai-lhe, Senhor, a plenitude da vida e a alegria eterna.

– *Amém.*

Dirigente: Vamos em paz e que o Senhor nos acompanhe.

– *Amém.*

26

REFLEXÕES E ORAÇÕES

1. A vida é um dom maravilhoso

A VERDADE – Buscamos insaciavelmente a paz e a saúde e, por vezes, somos surpreendidos pela doença e pelo sofrimento.

POR QUÊ? – A doença e o sofrimento fazem parte da vida, são uma consequência de nossa fragilidade e limitação como seres humanos que somos. Esta experiência pode tornar-se uma ocasião única em que descobrimos o sentido de nossas vidas, nossos valores e a importância de partilhar a vida com os outros.

Deus quer que você ame e cuide da vida. Ele não quer o sofrimento. O seu otimismo e a vontade de vencer são indispensáveis para colaborar com os profissionais que, com competência e amor, servem à vida.

Deus quer que você preserve a saúde. Ele deu inteligência e poder aos seres humanos para descobrir e criar remédios, tratamentos, lutar contra as causas das doenças, para que tenhamos vida em plenitude.

HOJE – Talvez você encontre, ao passar por esta experiência de estar doente, aquele que é "o Caminho, a

Verdade e a Vida", que veio trazer esperança, alegria e vida plena.

Passando pelo calvário do sofrimento, sem dúvida você continua preocupado com sua casa, sua família, seu trabalho e seu futuro. É um momento de profunda sensibilidade. Coloque tudo isso aos cuidados do Senhor da Vida. Ele é o médico dos médicos e ouvirá a sua prece.

2. Uma reflexão

(Oração de um atleta norte-americano que, aos 24 anos, ficou paralítico.)

Pedi a Deus para ser forte, a fim de executar projetos grandiosos, e ele me fez fraco para conservar-me humilde.

Pedi a Deus que me desse saúde, para realizar grandes empreendimentos, e ele me deu a doença para compreendê-lo melhor. Pedi a Deus a riqueza, para tudo possuir, e ele deixou-me pobre para não ser egoísta.

Pedi a Deus poder, para que os homens precisassem de mim, e ele me fez humilde para que eu deles precisasse.

Pedi a Deus tudo para gozar a vida, e ele deu-me a vida para gozar de tudo. Senhor, não recebi nada do que pedi, mas deste-me tudo de que precisava. E, quase contra a minha vontade, as preces que fiz não foram ouvidas. Louvado sejas, ó meu Deus!

Entre todos os homens, ninguém tem mais do que eu!

3. Pegadas na areia

Uma noite, tive um sonho...
Sonhei que estava andando na praia com o Senhor e, através do céu, passavam cenas da minha vida. Para cada cena que se passava, percebi que eram deixados dois pares de pegadas na areia: um era meu e o outro era do Senhor.

Quando a última cena de minha vida passou diante de nós, olhei para trás para as pegadas na areia e notei que, muitas vezes, no caminho de minha vida, havia apenas um par de pegadas na areia. Notei também que isso aconteceu nos momentos mais difíceis e angustiosos do meu viver. Isso aborreceu-me deveras e perguntei então ao Senhor: – Senhor, tu me disseste que, uma vez que resolvi te seguir, tu andarias sempre comigo, em todo o caminho. Notei, contudo, que durante as maiores tribulações de meu viver, havia apenas um par de pegadas na areia. Não compreendo por que, nas horas em que eu mais necessitava de ti, tu me deixaste sozinho... O Senhor me respondeu: – Querido filho, jamais eu te deixaria nas horas de provação e sofrimento. Quando viste, na areia, apenas um par de pegadas, eram as minhas: foi exatamente aí que eu te carreguei nos braços!

4. Oração do enfermo

Senhor,
coloco-me diante de ti numa atitude de oração.
Sei que me ouves, tu me penetras, tu me vês.
Sei que estou em ti e que tua força está em mim.

Olha para este meu corpo marcado pela doença.
Tu sabes, Senhor, o quanto me custa sofrer.
Sei que não te alegras com o sofrimento de teus filhos.
Dá-me, Senhor, força e coragem para vencer os momentos de desespero e cansaço.
Torna-me paciente e compreensivo, simples e modesto.
Neste momento, eu te ofereço as minhas preocupações, angústias e sofrimentos, para que eu seja mais digno de ti.
Aceita, Senhor, que eu una meus sofrimentos aos sofrimentos de teu Filho Jesus, que, por amor dos homens, deu sua vida no alto da cruz. Amém.

5. Oração da sabedoria

Deus, nosso Pai,
verdadeiramente aprendemos a apreciar a luz à medida que nos defrontamos com a escuridão.
Aprendemos a valorizar o que somos e temos somente após termos sido feridos pela perda.
Assim acontece comigo: sempre vivi como se fosse viver milhares de anos.
Sem grandes preocupações, fazia as coisas corriqueiras.
E sempre existia amanhã.
Com esta doença, o amanhã tornou-se uma interrogação.
A princípio, minha tentação foi maldizer o mundo por reservar-me tal sorte. Refletindo um pouco, vi que isso não me ajudaria em nada. Comecei a meditar, rever, relembrar...
Gradualmente, minha doença foi me ensinando muita coisa, e nunca aprendi tanto em tão pouco tempo.

Sinto necessidade de viver cada dia plenamente, porque hoje é meu tempo concreto de crescer na fé e desabrochar no amor. Tenho necessidade de fazer as coisas que sempre adiava. Verbalizo sentimentos que sempre temi antes expressar e, fazendo isso, descubro que as plantas são mais verdes e o céu é mais azul, como nunca antes disso. Finalmente, toquei no coração da vida. Descobri como as pessoas se tornaram importantes para mim e que as pequenas coisas na vida são as mais importantes.

Meu desapontamento transformou-se em descoberta; meu silêncio, em oração.

Obrigado, Senhor. Amém.

6. Credo da vida

• Creio em Deus, fonte de toda vida que existe no céu e na terra.

• Creio em Jesus Cristo, encarnação do amor do Pai que habita entre nós como plenitude de vida.

• Creio no Espírito Santo, vida do Pai e do Filho divinizando a vida humana.

• Creio na Igreja, comunidade de vida, onde, em comunhão, nasce a libertação de tudo o que é antivida.

• Creio no ser humano, "imagem e semelhança" de Deus, que recebeu a vida como um dom gratuito e é chamado a transmiti-la e partilhá-la no amor com os seus semelhantes.

• Creio que o sofrimento em si mesmo é um mal e que adquire um sentido de redenção a partir da paixão, morte e ressurreição de Jesus Cristo.

• Creio nos profissionais da vida, instrumentos humanos de cura, chamados a participar da obra da criação, servindo com amor e competência nas pegadas do Bom Samaritano.

• Creio na vida humana dignificada, elevada e sacralizada pelo Verbo de Deus que se fez carne.

• Creio na vida, mesmo quando tecida de mil mortes, que propiciam mil ressurreições, porque é vocacionada a desabrochar vitoriosamente em Deus.

• Creio na vida eterna, plenitude e coroação de todo peregrinar terrestre, onde estar com Deus é viver e ser plenamente feliz. Amém.

7. Salmo 22

O Senhor é o meu pastor que me conduz,
nada me falta;
é nos prados da relva mais fresca
que me faz descansar;
para as águas tranquilas me conduz;
reconforta a minha alma.

Ensina-me os caminhos mais seguros
por amor do seu nome;
passarei os mais negros abismos
sem temer mal nenhum;
junto a mim teu bastão, teu cajado,
eles são o meu conforto.

Preparas uma mesa para mim
bem à face do inimigo;
teu óleo me ungiu a cabeça
e minha taça transborda.

Viverei a ventura da graça
cada dia da vida;
minha casa é a casa do Senhor
e para sempre o há de ser.

8. Oração de São Francisco

Senhor, fazei de mim um instrumento de vossa paz.
Onde há ódio, fazei que eu leve o amor.
Onde há ofensa, que eu leve o perdão.
Onde há discórdia, que eu leve a união.
Onde há dúvidas, que eu leve a fé.
Onde há erros, que eu leve a verdade.
Onde há desespero, que eu leve a esperança.
Onde há tristeza, que eu leve a alegria.
Onde há trevas, que eu leve a luz.

Ó Mestre, fazei que eu procure mais consolar que ser consolado; que eu procure mais compreender que ser compreendido; que eu procure mais amar que ser amado. Porque é dando que se recebe, é perdoando que se é perdoado, é morrendo que se vive para a vida eterna.

9. Ostra não ferida não produz pérola...

As pérolas são feridas curadas, pérolas são produtos da dor, resultados da entrada de uma substância estranha ou indesejável no interior da ostra, como um parasita ou um grão de areia.

A parte interna da concha de uma ostra é uma substância lustrosa chamada nácar. Quando um grão de areia a penetra, as células do nácar começam a trabalhar e cobrem o grão de areia com camadas e mais camadas, para proteger o corpo indefeso da ostra. Como resultado, é formada uma linda pérola.

Uma ostra que não foi ferida, de algum modo, não produz pérolas, pois a pérola é uma ferida cicatrizada... Você já se sentiu ferido pelas palavras rudes de um amigo? Já foi acusado de ter dito coisas que não disse? Suas ideias já foram rejeitadas ou mal interpretadas? Você já sofreu os duros golpes do preconceito? Já recebeu o troco da indiferença?

Então produza pérola! Cubra suas mágoas com várias camadas de amor. Infelizmente, são poucas as pessoas que se interessam por esse tipo de reação positiva. A maioria aprende apenas a cultivar ressentimentos, deixando as feridas abertas, alimentando-as com vários tipos de sentimentos pequenos e, portanto, não permitindo que cicatrizem.

Assim, na prática, o que vemos são muitas "ostras vazias". Não porque não tenham sido feridas, mas porque não souberam perdoar, compreender e transformar a dor em pérolas de amor.

(Autor desconhecido)

10. A Vida

A vida é uma oportunidade, agarre-a.
A vida é uma beleza, admire-a.
A vida é uma aventura, saboreie-a.
A vida é um sonho, faça dele uma realidade.
A vida é um desafio, enfrente-o.
A vida é um dever, cumpra-o.
A vida é um jogo, jogue-o.
A vida é preciosa, cuide bem dela.
A vida é uma riqueza, conserve-a.
A vida é amor, desfrute-o.
A vida é um mistério, penetre-o.
A vida é promessa, cumpra-a.
A vida é tristeza, supere-a.
A vida é um hino, cante-o.
A vida é um combate, aceite-o.
A vida é uma tragédia, enfrente-a.
A vida é uma ventura, ouse-a.
A vida é felicidade, mereça-a.
A vida é o maior dom, defenda-o.

(Madre Teresa de Calcutá)

DIRETRIZES DE AÇÃO DA PASTORAL DA SAÚDE – CNBB

*Documento elaborado na III Assembleia Nacional
da Pastoral da Saúde – CNBB
São Paulo, 3 e 4 de setembro de 1997*

O que é Pastoral da Saúde?

É a ação evangelizadora de todo o povo de Deus comprometido em promover, preservar, defender, cuidar e celebrar a vida, tornando presente no mundo da saúde a ação libertadora de Jesus, nas seguintes dimensões:

I – *Solidária:* vivência e presença samaritana junto aos doentes e sofredores nas instituições de saúde, na família e na comunidade (portadores do vírus HIV, Aids, portadores de deficiências, drogados, alcoolizados etc.). Visa atender a pessoa integralmente, nas dimensões física, psíquica, social e espiritual.

II – *Comunitária:* visa a promoção e educação para a saúde. Relaciona-se com saúde pública e saneamento básico, atuando na prevenção das doenças. Procura valorizar o conhecimento, a sabedoria e a religiosidade popular em relação à saúde.

III – *Político-institucional:* atua junto aos órgãos e instituições públicas e privadas, que prestam serviço e formam profissionais na área de saúde. Zela para que haja reflexão bioética, formação ética e uma política de saúde sadia.

Objetivo geral

Evangelizar com renovado ardor missionário o mundo da saúde, à luz da opção preferencial pelos pobres e enfermos, participando da construção de uma sociedade justa e solidária a serviço da vida.

DIMENSÕES

I – Dimensão solidária

A. Objetivos específicos:

1. Sensibilizar a sociedade e a Igreja a respeito do sofrimento, denunciando a marginalização dos doentes, portadores de deficiências e idosos e de maneira especial, em face das novas formas de sofrimento e de doenças contemporâneas (Aids, doentes mentais e terminais etc.).

2. Zelar pela humanização e evangelização das instituições de saúde, visando o bem-estar global de todos os que nelas se encontram (profissionais, funcionários, doentes e familiares).

3. Proporcionar atendimento pastoral aos doentes internados e em domicílio.

4. Favorecer políticas de humanização, colocando o doente como razão de ser das instituições de saúde, no resgate da dignidade humana, no processo de fortalecer a fé e a esperança cristã.

5. Sensibilizar e integrar a comunidade e as instituições de saúde, uma vez que estas fazem parte dela.

6. Preparar agentes de pastoral da saúde para anunciar a Boa-Nova ao ser humano, diante do confronto com o sofrimento, a doença e a morte, bem como no respeito ao sigilo ético em relação às informações confiadas.

7. Relacionar-se com as diferentes tradições religiosas num diálogo que respeite a liberdade de consciência.

8. Celebrar nas instituições de saúde (hospitais, ambulatórios, postos de saúde) e comunidade datas significativas relacionadas com o mundo da saúde, tais como Natal, Páscoa, Dia do Enfermo (São Camilo), Dia Mundial da Saúde (7 de abril), Dia do Médico, Dia do Enfermeiro.

9. Contribuir para a humanização e evangelização das estruturas, instituições e profissionais da saúde, atuando junto aos mesmos no seu processo de formação profissional, a fim de cultivar valores humanos, éticos e cristãos.

B. Atividades a desenvolver:

1. Junto aos doentes e familiares

1.1. atender os doentes nas casas, acompanhando-os no cotidiano e fortalecendo seu relacionamento com os familiares e comunidade;

1.2. visitar de forma sistemática e organizada os doentes que estão hospitalizados, acompanhando especialmente os que estão em situações críticas. Preparar os agentes de pastoral para atuar nas unidades especiais;

1.3. programar e realizar celebrações litúrgicas criativas (missas, cultos e outros), que resgatem a dimensão celebrativa da vida numa perspectiva de fé e esperança;

1.4. acompanhar os familiares dos doentes, ajudando-os nos momentos difíceis, especialmente quando da perda de entes queridos (Pastoral da Esperança);

1.5. possibilitar aos doentes a recepção dos sacramentos e sacramentais quando o desejarem;

1.6. acompanhar solidariamente, de modo especial os doentes terminais e os idosos da comunidade com cuidados de saúde;

1.7. elaborar subsídios (livretes, mensagens, boletins etc.), que transmitam esperança, solidariedade e fé.

2. *Junto à comunidade com seus agentes, por meio da:*

2.1. promoção de encontros e parcerias com grupos paroquiais, movimentos eclesiais e ecumênicos, bem como outras entidades, para um trabalho de sensibilização na perspectiva de promover a saúde (educação preventiva) e cuidar solidariamente dos doentes;

2.2. formação humana e cristã dos agentes de Pastoral da Saúde que são da comunidade e prestam serviço voluntário nas instituições de saúde ou nos domicílios;

2.3. organização de reuniões, dias de formação e treinamento em termos de aconselhamento e atendimento pastoral, para capacitação humana, afetiva, ética e técnica das pessoas que desejarem prestar esse serviço;

2.4. estímulo para que os profissionais da saúde prestem serviço de educação e cuidados de saúde em comunidades carentes, favelas, periferias e zonas rurais;

2.5. empenho na criação de associações católicas de profissionais da saúde.

3. *Junto aos profissionais da saúde e servidores das instituições de saúde, com ações que:*

3.1. priorizem o atendimento pastoral aos profissionais da saúde que atuam nas instituições de saúde;

3.2. programem e realizem palestras, cursos, debates e círculos de estudo sobre assuntos de interesse do mundo da saúde, tais como ética, bioética, relações humanas, evangelização, catequese, temas da Campanha da Fraternidade, cura na perspectiva bíblica, sofrimento humano na perspectiva cristã entre outros;

3.3. engajem os profissionais da saúde e servidores no processo de humanização e evangelização;

3.4. criem uma equipe multidisciplinar de apoio à Pastoral da Saúde.

II – Dimensão comunitária

A. *Objetivos específicos:*

1. Conscientizar a comunidade a respeito do direito à saúde e do dever de lutar por condições mais humanas de vida, terra, trabalho, salário justo, moradia, alimentação, educação, lazer, saneamento básico e preservação da natureza.
2. Priorizar ações de educação, implementando uma verdadeira cultura de saúde, com ênfase em ações preventivas, permeadas pelos valores da justiça, equidade e solidariedade.
3. Resgatar e valorizar a sabedoria e a religiosidade popular, relacionadas com a utilização dos dons da mãe natureza e com a conservação do meio ambiente.
4. Refletir, à luz da fé cristã e da pessoa de Jesus, a realidade da saúde e da doença, bem como as implicações da ciência, tecnologia e bioética. Implementar os valores éticos da solidariedade e cidadania, visando à construção de uma sociedade justa e solidária.
5. Incentivar e desenvolver a formação e capacitação contínua dos agentes de pastoral da saúde, nos aspectos humanos, técnicos, éticos e cristãos, criando-se centros regionais de formação de agentes de pastoral.
6. Estar atento para as diferentes práticas alternativas de saúde, que não pertencem à nossa cultura, e que são usadas sem a necessária fundamentação e comprovação científica e causam estranheza, insegurança, desconfiança e descrédito da ação pastoral na comunidade, evitando-se assim o fanatismo e o dogmatismo.
7. Priorizar a educação transformadora, a partir da comunidade, sob o critério dos valores da justiça, da solidariedade e da mística cristã.

B. Atividades a desenvolver:

1. Junto aos doentes e familiares:

1.1. oferecer presença e ajuda na solução dos seus problemas de saúde, numa atitude solidária e fraterna, mas permitir igualmente que ele seja agente do seu processo de decisão quanto ao tratamento imediato e quanto à sua conduta posterior;

1.2. garantir das entidades prestadoras de serviços, através da participação comunitária, o cumprimento de sua missão na prestação de serviços que integrem os cuidados e assistência aos doentes e à população local;

1.3. denunciar situações de cuidados precários de saúde, mau atendimento nas instituições de saúde, a não distribuição equitativa dos recursos, as cobranças indevidas e a existência de preconceitos quando isso ocorrer;

1.4. conscientizar em relação às práticas alternativas de saúde, a respeito de seus valores e limites, questionando-as e orientando-as com a necessária fundamentação e conservação científica;

1.5. esclarecer os doentes e familiares a respeito de seus direitos.

2. Junto à comunidade com seus agentes, por meio da:

2.1. motivação, organização e engajamento em ações educativas, utilizando-se de reuniões, palestras, cursos sobre saúde e suas diferentes práticas;

2.2. garantia da continuidade das ações, à medida que se complexificam ou à medida que se simplificam os recursos necessários, bem como o apoio técnico e operacional para o desenvolvimento de tais ações na resolução dos problemas;

2.3. desenvolvimento da reflexão ética sobre os aspectos envolvidos na prestação dos serviços de saúde à comunidade pelo Estado, bem como das relações de trabalho estabelecidas entre técnicos e comunidade;

2.4. acompanhamento das ações dos agentes de pastoral da saúde, através do conhecimento da realidade de saúde com informações precisas, que possibilitem a tomada de decisão, a avaliação e o planejamento das atividades;

2.5. incentivo à criação de grupos e/ou associações de apoio a doentes crônicos e seus familiares.

3. Junto aos profissionais da saúde e servidores das instituições de saúde com ações que:

3.1. desenvolvam a função de ligação entre a população e os serviços de saúde implantados, nas suas atividades cotidianas, e nos Conselhos locais e distritais de saúde;

3.2. capacitem a população a cuidar de sua saúde, transmitindo-lhe informações e conhecimentos, ao mesmo tempo em que desenvolvam a efetiva consolidação da assistência à saúde local;

3.3. promovam espaços de avaliação, planejamento e supervisão de todo o processo que for desencadeado, com fins de aprofundamento, treinamento e atualização;

3.4. busquem atendimento humanitário através de adequadas condições de trabalho, apoiando e valorizando os profissionais da área da saúde;

3.5. ajudem a entender a saúde como direito fundamental da pessoa humana, cultivo de estilos saudáveis de vida e a ter uma boa qualidade de vida, para além das ações imediatas de cura.

III – Dimensão político-institucional

A. *Objetivos específicos:*

1. Considerar a saúde como um direito fundamental da pessoa humana estreitamente vinculado à solidariedade e à equidade.
2. Participar ativa e criticamente nas instâncias oficiais que decidem a política de saúde da Nação, do Estado, da Região e do Município.
3. Apoiar e criar espaços de luta política e solidariedade em favor da vida, valorizando as organizações populares e suas iniciativas.
4. Recuperar o compromisso constitucional da Seguridade Social, definida como um conjunto de ações do Poder Público e da sociedade, destinado a assegurar o direito à saúde, à previdência e à assistência social.
5. Envolver-se nas ações de política de saúde relacionadas com a elaboração do orçamento da saúde, formação e participação nos conselhos locais, distritais, municipais, estaduais e nacional.
6. Acompanhar e colaborar nas atividades dos Conselhos de saúde no exercício do controle social, exigindo prestação de contas, em relação à qualidade dos serviços prestados.

7. Exigir que o Estado garanta os serviços básicos de saúde à população, reforçando a ideia de que a saúde pública é um direito social.

8. Estabelecer canais de comunicação com as instituições públicas e privadas que atuam na área da saúde e da educação.

9. Definir estratégias e mecanismos que possibilitem ampliar a base de sustentação política para as novas práticas de saúde, considerando a participação dos gestores e prestadores de serviços e dos usuários no processo.

10. Considerar, à luz do princípio da equidade, que a realidade de situações desiguais (diferenças sociais, econômicas, culturais etc.) exige intervenções e ações diferenciadas para a solução dos problemas.

11. Articular a pastoral da saúde com outras pastorais, movimentos, organismos e instituições, a fim de viabilizar recursos materiais, financeiros, humanos, bem como ações e projetos comuns.

12. Cuidar para que no âmbito do relacionamento e de parcerias com os poderes públicos, a pastoral da saúde não substitua o que é função do Estado.

13. Possibilitar a formação específica dos agentes de pastoral da saúde que atuam como conselheiros, acompanhando-os e avaliando-os periodicamente.

14. Incentivar para que nas universidades e instituições de ensino católicas, bem como nos seminários, sejam introduzidos cursos de aprofundamento em Pastoral da Saúde.

B. Atividades a desenvolver

1. Junto aos doentes e familiares:

1.1. educar através de campanhas informativas, cursos, encontros a respeito de doenças, prevenção e promoção de saúde;

1.2. conscientizar para o novo conceito de saúde como qualidade de vida e estilos de vida saudáveis, além de valorizar a perspectiva holística, isto é, vendo o ser humano em suas dimensões física, psíquica, social e espiritual.

2. Junto à comunidade com seus agentes, por meio da:

2.1. divulgação de dados e informações sobre a realidade da saúde no país;

2.2. formação dos Conselhos de Saúde, locais, distritais, municipais e estaduais;

2.3. acompanhamento e divulgação das atividades do Conselho de Saúde, visando o aumento do controle social;

2.4. orientação dos agentes de Pastoral da Saúde em política de saúde, especialmente no que se refere a Conselho gestor de hospitais; consórcios ambulatórios de especialidades; unidades básicas de saúde e normas operacionais do Ministério da Saúde.

3. Junto aos profissionais da saúde e servidores das instituições de saúde, com ações que:

3.1. possam articular-se com os serviços básicos de saúde do município, no gerenciamento de unidades ambulatoriais e hospitalares, respeitando os princípios do SUS (equidade, universalidade, integralidade, descentralização);

3.2. façam transparecer a efetiva retaguarda institucional garantida por lei;

3.3. expressem e assumam a perspectiva de ver saúde como qualidade de vida e o cultivo de estilos de vida saudáveis;

3.4. garantam práticas de prevenção da doença, acompanhando o desenvolvimento dos demais temas vinculados aos direitos fundamentais;

3.5. integrem equipes de saúde com distintos profissionais, necessários à realização de ações definidas para a solução dos problemas;

3.6. avaliem periodicamente o impacto das ações de saúde sobre a realidade local, revendo constantemente seu planejamento;

3.7. colaborem na formação ética dos futuros profissionais da saúde, levando em conta as necessidades sociais. Formar profissionais da saúde para fazer o quê? No interesse de quem? A partir de que critérios e valores?;

3.8. divulguem as atividades desenvolvidas junto à comunidade, garantindo informações e efetivando o controle social na saúde.

PARA REFLEXÃO EM GRUPO

1. O que entender por Pastoral da Saúde?
2. Das três dimensões, qual é a mais importante na sua realidade?
3. O que fazer para organizar melhor a Pastoral da Saúde na sua comunidade?

LEO PESSINI

É religioso camiliano. Professor doutor no programa de pós-graduação, mestrado e doutorado em Bioética do Centro Universitário São Camilo, em São Paulo. É pós-graduado em Educação Pastoral Clínica nos EUA, no Saint. Lukes´s Hospital (Milwaukee, WI). Foi capelão do Hospital das Clínicas da Universidade de São Paulo (FMUSP) durante 12 anos (1981-1993). Foi coordenador Nacional da Pastoral da Saúde da CNBB de 1994 a 1998. Atualmente é membro da equipe de apoio da Pastoral da Saúde do Departamento de Justiça e Solidariedade do CELAM (Conselho Episcopal Latino-Americano), em Bogotá (Colômbia). É autor de várias obras no âmbito da Pastoral da Saúde e da Bioética, além de outras publicadas pela Editora Santuário, como, por exemplo: *Como lidar com o paciente em fase terminal: agentes de Pastoral, profissionais da saúde e familiares*; *Vida Esperança e solidariedade*.